Henry David Thoreau

Série Biografias **L&PM** POCKET:

Albert Einstein – Laurent Seksik
Andy Warhol – Mériam Korichi
Átila – Éric Deschodt / Prêmio "Coup de coeur en poche" 2006 (França)
Balzac – François Taillandier
Baudelaire – Jean-Baptiste Baronian
Beethoven – Bernard Fauconnier
Billie Holiday – Sylvia Fol
Buda – Sophie Royer
Cézanne – Bernard Fauconnier / Prêmio de biografia da cidade de Hossegor 2007 (França)
Che Guevara – Alain Foix
Dostoiévski – Virgil Tanase
Freud – René Major e Chantal Talagrand
Gandhi – Christine Jordis / Prêmio do livro de história da cidade de Courbevoie 2008 (França)
Henry David Thoreau – Marie Berthoumieu e Laura El Makki
Jesus – Christiane Rancé
Jimi Hendrix – Franck Médioni
Júlio César – Joël Schmidt
Kafka – Gérard-Georges Lemaire
Kerouac – Yves Buin
Leonardo da Vinci – Sophie Chauveau
Lou Andreas-Salomé – Dorian Astor
Luís XVI – Bernard Vincent
Marilyn Monroe – Anne Plantagenet
Martin Luther King – Alain Foix
Michelangelo – Nadine Sautel
Modigliani – Christian Parisot
Napoleão Bonaparte – Pascale Fautrier
Nietzsche – Dorian Astor
Oscar Wilde – Daniel Salvatore Schiffer
Pasolini – René de Ceccatty
Picasso – Gilles Plazy
Rimbaud – Jean-Baptiste Baronian
Shakespeare – Claude Mourthé
Van Gogh – David Haziot / Prêmio da Academia Francesa 2008
Virginia Woolf – Alexandra Lemasson

Marie Berthoumieu
e Laura El Makki

Henry David Thoreau

Tradução de Julia da Rosa Simões

www.lpm.com.br

Coleção **L&PM** POCKET, vol. 1315
Série Biografias/35

Texto de acordo com a nova ortografia.
Título original: *Henry David Thoreau*

Primeira edição na Coleção **L&PM** POCKET: maio de 2019

Tradução: Julia da Rosa Simões
Capa e projeto gráfico: Editora Gallimard
Ilustrações da capa: foto de Thoreau (acima): *Daguerreotype portrait of Henry David Thoreau*, 1856, por Benjamin D. Maxham (1821-1899). National Portrait Gallery. Foto do Lago Walden (abaixo): Alizada Studios/iStock
Preparação: Marianne Scholze
Revisão: Lia Cremonese

CIP-Brasil. Catalogação na publicação
Sindicato Nacional dos Editores de Livros, RJ.

B46h

Berthoumieu, Marie,
 Henry David Thoreau / Marie Berthoumieu, Laura El Makki; tradução Julia da Rosa Simões. – 1. ed. – Porto Alegre, RS: L&PM, 2019.
 144 p. ; 18 cm.   (Coleção L&PM POCKET, v. 1315)

 Tradução de: *Henry David Thoreau*
 ISBN 978-85-254-3677-1

 1. Thoreau, Henry David, 1817-1862. 2. Escritores - Estados Unidos - Biografia. I. Makki, Laura El. II. Simões, Julia da Rosa. III. Título. IV. Série.

17-44408	CDD: 927.927028
	CDU: 929:792.7.071.2

© Éditions Gallimard, 2014

Todos os direitos desta edição reservados a L&PM Editores
Rua Comendador Coruja, 314, loja 9 – Floresta – 90.220-180
Porto Alegre – RS – Brasil / Fone: 51.3225.5777

PEDIDOS & DEPTO. COMERCIAL: vendas@lpm.com.br
FALE CONOSCO: info@lpm.com.br
www.lpm.com.br

Impresso no Brasil
Outono de 2019

Sumário

A natureza no sangue / 7

As frias e úmidas paredes de Harvard / 14

Emerson, o mestre e amigo / 20

Os dois carvalhos / 31

O refúgio transcendentalista / 40

A vida nos bosques / 49

Algemas nas mãos, sorriso nos lábios / 59

A caminho do reino de Pomola / 62

Um outro Novo Mundo / 70

Pensar a sociedade / 80

O naturalista no trabalho / 85

A caminhada política / 93

Um passo depois do outro / 100

A energia do conquistador / 106

Limites / 111

Epílogo / 121

Anexos

    Cronologia / 126

    Referências / 128

    Notas / 132

    Sobre as autoras / 143

A natureza no sangue

A copa das árvores quase não se distingue em meio à noite escura. Mesmo assim, as raras porções de céu que ele consegue enxergar o encorajam na direção a seguir. Está chegando, sem dúvida. Não precisa de mapa ou bússola: seus pés reconhecem o solo úmido e coberto de musgo. Suas mãos, que pendem com leveza ao lado do corpo, roçam suavemente os troncos das árvores que o cercam e indicam o caminho. De tempos em tempos, ouve o som de asas batendo, o canto de uma coruja ou os passos apressados de algum animal por entre as folhagens: nada que o preocupe. No entanto, sua respiração se acelera, seu coração bate mais forte, seu passo se torna mais rápido. Em breve, o lago Walden e a cabana. Em breve, a tranquilidade e a liberdade... Mais alguns metros e finalmente chegará em casa, cercado pela vegetação e pelos animais, pelo marulho das águas e pelo sopro do vento. Quanto mais avança, mais a escuridão se adensa – mas ela não o detém. Ele poderia caminhar no escuro, ou de olhos fechados, sem precisar parar. Ele sabe que não pode se perder nesse bosque tão familiar – que é sua pátria, seu lar, que o ensinou a respirar, a ver e a tocar.

Naquela noite, como em tantas outras, o vulto longilíneo de Henry David Thoreau penetra os segredos da natureza. Ele deixa para trás a efervescência de Concord, a lembrança de um bom jantar, o calor do círculo familiar e o alento dos amigos. Aos 28 anos, tem o ímpeto de um pioneiro que percorre pela primeira vez as terras de Massachusetts – com a diferença de que conhece a região como a palma da mão. Aquela terra, pela qual sente um apego visceral e imperecível, é o berço de sua vida e de suas ideias. Seus pais, John Thoreau e Cynthia Dunbar, verdadeiros ianques – nativos da Nova Inglaterra –, se conheceram e casaram na igreja de Concord no começo do século XIX, dando início a uma numerosa família. O casal teve Helen Louise em outubro de 1812, logo seguida por um primeiro filho homem, John. David Henry – que decide inverter a ordem de seus prenomes na idade adulta – nasce em 12 de julho de 1817, alguns anos antes da irmã Sophia, a caçula da família.

Os quatro filhos crescem em meio ao respeito pela fé protestante e à admiração pelas grandes obras literárias. David Henry é particularmente ávido por histórias e ouve-as com atenção. Uma de suas preferidas é a saga do avô paterno, Jean Thoreau, homem que o fascina. O antepassado, filho de um casal da província francesa de Poitou sobre o qual David Henry pouco sabe, nasceu em Jersey, ilha ao largo da Normandia francesa. Ele se faz chamar de "John" e escolhe a aventura como destino. Em 1773, embarca num navio comercial e troca a ilha natal pela América. Ao chegar a Boston, improvisa-se corsário e monta o próprio negócio. Sua vida toma novos rumos, porém, na primavera de 1775, quando se une às tropas da milícia revolucionária da pequena cidade de Concord, cercada por florestas e rios. Nessa localidade, assim como em Lexington, prepara-se um levante sem precedentes. É ali que a futura independência dos Estados Unidos firma raízes, por iniciativa das Treze Colônias da costa leste do país, que querem se libertar do jugo britânico. A imagem do avô pegando em armas contra as forças inglesas obceca David Henry e alimenta sua imaginação infantil. Ele sonha com a mesma liberdade e com as mesmas aventuras. É provável que seja isso que o leve, adulto, a fazer as próprias escolhas sem se preocupar com a opinião dos outros. Naquele que se tornará o livro de sua vida, ele escreverá um preceito elementar, uma espécie de divisa, sem dúvida inspirado pelo ancestral heroico:

> O que um homem pensa de si, é isso o que determina ou, melhor, indica seu destino.[1]*

Depois do nascimento dos dois primeiros filhos, o casal Thoreau pena para se estabelecer de maneira permanente e vai tentar a sorte em Boston. A cidade, que fica cerca de vinte quilômetros a leste de Concord, acolhe-os por um curto período de tempo. John, o pai, a conhece bem: nascera ali e tentara, havia alguns anos, estabelecer uma mercearia. Os projetos do casal não se concretizam da maneira esperada, e a família, endividada, volta rapidamente sobre seus passos. A casa da sra. Mary Jones Dunbar, a avó materna, é o refúgio escolhido. A família passa alguns meses nessa fazenda situada no alto de uma pequena colina afastada da cidade. Ali, vivendo ao abrigo da necessidade, o jovem casal participa dos trabalhos diários, mas mantém intacta a vontade de alçar voo e enriquecer novamente. A febre da mudança leva-os a repetir a experiência, primeiro em Chelmsford – cidade vizinha a Concord –, depois novamente em Boston. Os reiterados e efêmeros deslocamentos pelas estradas de Massachusetts permitem a David Henry fazer suas primeiras viagens. Ele logo toma gosto por essas curtas expedições, maravilhando-se com o que o cerca e com a natureza suntuosa que se oferece a seus ávidos olhos de menino. Uma de suas lembranças mais preciosas vem dessa época. David Henry tem quatro anos, está voltando de Boston com a família. No trajeto, eles param perto de um lago, o lago Walden, a menos de uma hora de Concord. À sombra dos

---

* As notas estão reunidas no final do livro, p. 132. (N.E.)

pinheiros, decidem comer algo antes de voltar à estrada. David Henry se diverte à beira da água e sobe nas árvores enquanto o pai e a mãe descansam. Quando chega a hora de partir, o menino resiste a voltar para junto dos pais: quer ficar um pouco mais, brincando junto ao lago. Ele nem desconfia que um dia voltará a esse lugar. A escala imprevista no meio da mata de fato marca o início de uma verdadeira história de amor com a natureza. "É uma das cenas mais antigas impressas em minha memória"[2], ele escreve, muitos anos depois, ao voltar à fonte desse encantamento infantil.

A parada se prolonga, para grande felicidade de David Henry, pelas cercanias do grande lago. Seus pais, cansados dos sucessivos fracassos, renunciam com amargura aos sonhos. Mesmo assim, a primavera de 1823 tem início com bons auspícios. Eles se estabelecem definitivamente em Concord, na Lexington Road, numa bela casa de tijolos vermelhos. A vizinhança é familiar, e a cidade conserva, dois séculos após sua fundação, o charme dos povoados da Nova Inglaterra. Ela conta com menos de 2 mil habitantes à época – cerca de 20 mil, hoje –, mas pulula de agitação. Diligências cruzam diariamente suas ruas. O porto recebe navios de transporte de mercadorias. Os comerciantes, banqueiros e artesãos também contribuem para a facilidade das trocas e dos encontros. No novo lar cheio de vida, David Henry brinca junto à família numerosa, que ainda conta com a fiel avó, o tio Charles, a tia Louisa Dunbar, e também as três irmãs do pai, Maria, Jane e Sarah. Acompanhado do irmão mais velho, John, de quem é muito próximo, David Henry percorre as florestas dos arredores, caça e pesca nos inúmeros rios da região. Muito cúmplices, os dois meninos também exploram os mínimos recantos dessa natureza ao alcance das mãos. A casca das árvores, o desenho das folhas, a cor da água: pacientemente, eles se familiarizam com os reinos vegetal e mineral, acostumando os olhos a maravilhas das quais logo não conseguirão mais se afastar. Pela primeira vez, os dois meninos vivem de fato suas liberdades, crescendo em meio a uma doce e inocente alegria.

O contato com a fauna e a flora aos poucos se torna uma necessidade para o jovem Thoreau. Ele gosta de caminhar, contemplar as árvores, ouvir os animais. E principalmente de banhar-se nas águas da região. O elemento líquido o seduz, sendo muito mencionado em suas obras, que quase sempre constituem literais "travessias" aquáticas. Basta abrir ao acaso uma delas:

> Ouço o riacho de Heywood caindo no lago de Fair Haven, som que traz a meus sentidos um frescor indizível. Ele parece correr por meus ossos. Ouço-o com uma sede insaciável. Ele acalma um calor de areia dentro de mim. [...] Assim sou lavado, assim bebo, e estanco minha sede.[3]

David Henry cresce junto a essa água provedora, adquirindo o hábito de percorrer suas margens, observar as variações de suas cores, ouvi-la correr, nela mergulhar a mão. Ele tem a estranha impressão de que ela o atravessa, de que o líquido que escorre por seus dedos circula por suas veias, irriga seu corpo. Como uma árvore que cresce, David Henry, de apenas dez anos, também cresce:

> A natureza se desenvolvia à medida que eu me desenvolvia, e crescia junto comigo. Minha vida era um êxtase.[4]

Lentamente, apenas com a força dos sentidos, ele toma posse desse solo fértil, que aos poucos se torna sagrado.

Estando na natureza como se estivesse em casa, o caminhante adolescente prefere a companhia das árvores aos bancos escolares e acaba naturalmente se ausentando das aulas. Seus pais, porém, têm muitos planos para o seu futuro e o inscrevem na escola pública, que ele frequenta durante o ano escolar. Seu aprendizado é aprofundado ao lado do irmão na escola particular para moças dirigida por *miss* Phoebe Wheeler. Mas Thoreau, que só almeja perambular, lamenta ficar confinado naquele lugar fechado. Quando vai para a aula, aproveita para percorrer as ruas de pés descalços. A prática da caminhada logo se torna um hábito, e ele aguarda com impaciência os finais de semana para flanar. O domingo, *sun-day* – o dia do sol –, é para ele uma doce recreação, em que ele aproveita para andar a esmo, fugir do mundo, ou melhor, "apenas existir, o dia inteirinho".[5] A seus olhos, a natureza é um ambiente lúdico: verão ou inverno, ele a explora e saboreia, considera-a sua igual. Um de seus primeiríssimos escritos é sobre isso. Trata-se de uma redação, escrita aos onze anos, que ele dedica às quatro estações. Em poucas linhas de seu caderno escolar, ele apresenta com candura o ciclo da natureza: a chegada da primavera que verdeja os campos, os frutos que começam a crescer sob os primeiros raios do sol do verão e caem no outono e, por fim, a neve que cobre o solo e as árvores no inverno. Não conhecemos a nota que ele recebe por esse dever de casa. Mas uma coisa é certa: nesse mesmo ano de 1828 ele parece já ter dominado a escrita, tendo feito da natureza sua inspiração literária.

Thoreau é bom aluno, e sua curiosidade é saciada pela riqueza das aulas propostas na Concord Academy, estabelecimento misto construído graças à generosidade dos moradores mais ricos da cidade. Ao lado do irmão e das irmãs, que frequentam a mesma escola, ele aprende latim e grego, mas também francês, o que lhe possibilita descobrir autores como Voltaire, Molière e Racine. O ensino de qualidade ali oferecido forja uma geração de jovens cidadãos instruídos e contribui para fazer do povoado um importante foco intelectual, em sintonia com a criação do Concord Lyceum, instituição pública de conferências e debates. Adulto, Thoreau ali se exercitará como orador, diante de uma plateia de ouvintes curiosos. Suas intervenções constituirão, aliás, uma de suas principais fontes de renda. Mas o adolescente ainda está longe disso. Sua trajetória escolar chega ao fim e seus pais, dispostos a muitos sacrifícios financeiros, preparam-no para uma carreira brilhante. Ele faz as malas e parte para Harvard, alguns quilômetros a leste de Concord.

As frias e úmidas paredes de Harvard

Outono de 1833. Ele veste o terno verde que o pai mandou fazer para a ocasião. Uma roupa larga demais para o adolescente franzino que acaba de completar dezessete anos e que se prepara para entrar no mundo dos adultos. Fundada há dois séculos na cidade de Cambridge, ao lado de Boston, Harvard é a mais antiga universidade dos Estados Unidos. Na época em que Thoreau a frequenta, ainda não goza da reputação que alcança hoje. Ao contrário de Yale, Dartmouth ou Union, a universidade é bastante provinciana e só atrai os alunos dos arredores. Como o jovem Thoreau, que pela primeira vez se separa da família. Seu irmão mais velho, John, aluno igualmente brilhante, não tem a mesma sorte. Por razões ainda obscuras, é David Henry quem se inscreve nas provas de admissão, por insistência da mãe e das tias, que o ajudam a financiar os estudos depois que é aprovado na instituição. Ele passa quatro anos dentro daquelas paredes que descreve como "frias e úmidas"[1]; quatro anos durante os quais pena para encontrar seu lugar. Bastante solitário, declina dos convites para os encontros organizados pelos clubes de estudantes. Ao contrário do avô materno, Asa Dunbar, que conduzira a primeira revolta estudantil para protestar contra a deplorável qualidade dos desjejuns em Harvard, em 1766, Thoreau mantém-se à margem de todas as atividades em grupo, preferindo a intimidade da leitura ao engajamento coletivo. As rebeliões que ocorrem com estrondo sob seus olhos não o entusiasmam. Ele chega a verbalizar o seguinte desejo: "Pudesse eu passar pela vida despercebido e ignorado".[2]

As aulas a que assiste possibilitam a continuação do aprendizado de grego, latim e línguas europeias, e também a iniciação em retórica, filosofia e o aprofundamento de seus conhecimentos em matemática, geologia e mesmo botânica. No entanto, apesar do aprendizado ser enriquecedor, nem todos os professores têm a envergadura de um Edward Tyrel Channing. Especialista na arte oratória, Channing é um dos primeiros a encorajar Thoreau a escrever. O pensamento do estudante é estimulado e toma forma ao longo dos exercícios de dissertação e debate propostos pelo professor. Os dois continuarão indiretamente ligados, pois o sobrinho de Channing, o poeta Wiliam Ellery Channing, se tornará um dos melhores amigos de Thoreau. Os dois poderiam ter se conhecido nos corredores de Harvard, mas o extremamente independente Channing havia abandonado a instituição um pouco cedo demais, pois não quisera se submeter ao regulamento.

O cotidiano universitário é duro e não poupa o estudante, que não tem economias suficientes para cobrir todos os seus gastos. Ele às vezes se vê obrigado a privar-se do estritamente necessário, chegando a abster-se de comprar pão por um mês inteiro.[3] A doença logo freia essa escolaridade precária. Ao longo do segundo ano de estudos, Thoreau falta a algumas aulas por falta de forças. Depois de recuperar a saúde, ele decide afastar-se de Harvard por um tempo, pois não consegue pagar suas letras de câmbio. A pausa é ocasião, para ele, de ensinar por seis semanas em Canton, ao sul de Boston. Lá, ele se hospeda na casa de Orestes Brownson, um pastor unitarista, fervoroso admirador dos idealistas alemães e dos românticos ingleses e franceses. Na primeira noite que passam juntos, os dois têm uma animada conversa que os leva a dormir muito tarde. A cena se repete nos dias seguintes. Às vezes, depois do jantar, Brownson dá aulas de alemão a Thoreau, ou compartilha com ele suas impressões de leitura. Não resta dúvida de que essas poucas semanas, fecundas em meditações, marcam de modo indelével o futuro pensador.

De volta a Harvard, com algumas economias no bolso, Thoreau cumpre seus deveres de estudante: dedica-se ao estudo quando necessário, mas não se distingue pela assiduidade. É por isso, aliás, que alguns de seus professores o criticam, pois consideram que um aluno bolsista deve engajar-se plenamente nos estudos que lhe são oferecidos. Charles Stearns Wheeler, colega de quarto e amigo de David Henry, também bolsista e natural de Concord, é o exemplo perfeito desse tipo de aluno. Mas Thoreau não se importa com o julgamento dos pares. Aos que o intimam a ser mais diligente, ele responde, com alguns anos de atraso, mas sempre com a mesma verve: "Como os jovens podem melhor aprender a viver a não ser tentando a experiência de viver? A meu ver, isso exercitaria o intelecto deles tanto quanto a matemática".[4] Ele é um aluno que prefere, de longe, aprender sozinho e instruir-se com leituras na biblioteca. O tempo que ele passa lendo sem dúvida conta entre as horas mais felizes daqueles anos. Assim que pode escapar às obrigações, ele vai à biblioteca consultar um dos 41 mil volumes ali armazenados. Ao percorrer as estantes daquele templo literário, Thoreau escolhe meticulosamente seus livros, lendo igualmente bem em inglês, alemão, francês, espanhol, latim ou grego. Ele também folheia seus primeiros manuais de história natural e satisfaz sua curiosidade por essa disciplina. Lembrando-se das conversas com Orestes Brownson, fica fascinado com os escritores românticos. Entre as maravilhas literárias que o cercam, encontra-se o edificante *Natureza*, manifesto transcendentalista escrito pelo ensaísta e poeta americano Ralph Waldo Emerson.

A entrega do diploma de bacharel de humanidades se aproxima a passos largos. Como os outros alunos, Thoreau se prepara para a cerimônia de *Commencement*, durante a qual deve proferir um discurso. Um tema lhe é imposto. Ao lado de dois colegas, ele deve abordar "o espírito comercial dos tempos modernos e sua influência sobre o caráter político, moral e literário de uma nação". Thoreau é designado para desenvolver o aspecto moral do tema. A exposição adquire uma forma audaciosa, pois David Henry tem gosto pela ironia e pela provocação. No púlpito, diante da audiência de alunos e professores que assistem ao ato, ele desenvolve seu pensamento não sem um toque de atrevimento, com grandes gestos, olhos brilhantes e voz segura. Um ano depois, em seu *Journal*, ele lançará um olhar severo para esse rito de passagem. Recordará os alunos e professores universitários que o encararam naquele dia, os "não entidades"[5], como ele gostava de chamá-los, que na verdade representavam um saber oficial e uniforme e o faziam "temer perder a própria identidade".[6] Sem muito entusiasmo, ele mesmo assim participa daquela hipocrisia, marcando as linhas de sua exposição com ideias inovadoras, elevando a voz quando necessário. Ele está convencido de que o espírito comercial da época "incute em todos os nossos pensamentos e sentimentos um grau de seu próprio egoísmo".[7] Ele ataca sem reservas o mercantilismo e afirma, sempre com a segurança que o caracteriza: "Nós nos tornamos egoístas em nosso patriotismo, egoístas em nossas relações domésticas, egoístas em nossa religião".[8] Ele também aborda nossa concepção do trabalho:

> A ordem das coisas deveria ser invertida – o domingo deveria ser o dia do trabalho do homem, para ele assim ganhar a vida com o suor de seu rosto; e os seis dias restantes consistiriam no descanso dos sentimentos e

da alma – para percorrer esse jardim aberto e beber os doces eflúvios e as sublimes revelações da Natureza.⁹

Ele opera, portanto, uma inversão de valores, propondo que nos realizemos no lazer, e não no trabalho. O lazer, aos olhos de Thoreau, assemelha-se a uma forma de ociosidade. Ele encoraja o homem a viver plenamente suas emoções e suas vontades, na contracorrente do duro cotidiano que o aprisiona. Seu *Journal* prolonga, alguns meses mais tarde, essa mesma crítica ao trabalho, e algumas de suas frases assumem ares de uma fábula de La Fontaine:

> Este é o homem que se esfalfa, carrega, trabalha como uma formiga, para transportar uma migalha perdida e inútil e depositá-la em seu celeiro; e depois começar tudo de novo, orgulhoso de si. Ele olha para cima, depois para o solo (pois mesmo as formigas podem abaixar os olhos), a terra e o céu são contemplados de alto a baixo ao mesmo tempo; e assim visto pelos homens, visto pelo mundo, livre de toda obrigação, ele desaparece na noite que o engole por inteiro. Ele foi condenado a seguir para sempre o mesmo caminho? Ele não pode, contorcendo-se, encorajando-se, fazer crescer ou extrair algo que viva – respeitado, intacto, intangível, escapando a todo desprezo?¹⁰

Não há desencanto em suas palavras, mas um evidente idealismo, em contraste com aquela época capitalista, que a partir de então constituirá o motor de suas reflexões.

David Henry deixa Harvard em 30 de agosto de 1837. Ele sai oficialmente diplomado, mas não se apressa a ter o certificado em mãos. Os anos dentro da universidade permitem que ele se instrua, mas deixam um gosto amargo... É sem dúvida essa a razão que o faz negar-se a pagar os cinco dólares necessários para a obtenção do precioso diploma que nada tem de essencial a seus olhos. A única coisa que desperta seu interesse é "viver profundamente e sugar a vida até a medula"[11], coisa que ele se dedica a fazer com a feroz vontade de afastar-se da "trilha batida das profissões liberais".[12] Ele volta a viver na casa dos pais e, com a força de um caráter firme e de um amor absoluto, ele também toma uma decisão importante: inverter a ordem de seus prenomes. David Henry Thoreau torna-se Henry David Thoreau: uma nova assinatura para uma nova identidade. As causas dessa mudança não são explicadas pelo interessado, que provavelmente não deseja rebelar-se contra os pais, mas afirmar-se e escolher o homem que ele quer ser. A modificação do nome de batismo logo é acompanhada por outra decisão importante. O futuro escritor quer romper seu compromisso com a igreja da cidade, à qual toda sua família está ligada. Ele consegue fazer isso e inclusive se recusa, alguns meses mais tarde, a pagar o dízimo, não se considerando um membro suficientemente regular para tanto. Ousadamente voltado para o futuro, Thoreau, livre das hesitações da adolescência, enfim sai do casulo. E nasce pela segunda vez.

Emerson, o mestre e amigo

O que Thoreau provavelmente não sabe, ao ir para Harvard, é que está seguindo os passos de um homem que será responsável, se não por alterar sua visão de mundo, ao menos por levá-lo a olhar para ele com outros olhos. Este homem é Ralph Waldo Emerson, o famoso autor de *Natureza*, já folheado por Henry David. Ele tem catorze anos a mais que Thoreau e também foi um estudante bolsista da universidade.

Nascido em Boston no ano de 1803, Emerson estudou teologia e por muito tempo ocupou um ministério numa igreja de sua cidade natal. O cargo, porém, não lhe convém, e ele o abandona para viajar à Europa. Ao regressar, em 1835, ele decide instalar-se em Concord, numa fazenda comprada junto com a segunda mulher, Lidian Jackson. A residência fica, pelo maior dos acasos, bem perto da casa da família Thoreau... Com exceção de alguns poucos deslocamentos, Emerson não sai mais da cidade que se tornará, em grande parte graças a ele, um centro de emulação intelectual reconhecido e cobiçado em todo o país. Suas múltiplas intervenções no Concord Lyceum logo o fazem ser citado como um dos homens mais importantes da região. Mas é sobretudo com a criação do Transcendental Club que ele se torna uma personalidade incontestável. Emerson funda esse grupo de pensadores ao lado de três antigos colegas de Harvard: Frederick H. Hedge, George Ripley e George Putnam. A decisão de reunir-se e refletir sobre a condição humana nasce de uma indignação: convidados a festejar o bicentenário de sua universidade, em 1836, os quatro amigos percebem que o ensino não é tão satisfatório quanto antigamente e deploram sua falta de abertura e sua pobreza. A ideia que eles têm sobre o conhecimento e a erudição é completamente diferente. Eles dão início, assim, a um impulso reflexivo que, entre discussões e reuniões, progressivamente se transforma num movimento intelectual, literário e filosófico chamado de "transcendentalismo".

As ideias do grupo, que quer pôr o espírito humano em contato com a natureza, nunca são sintetizadas numa verdadeira doutrina. No entanto, elas se aglutinam em torno dos textos românticos e idealistas europeus (escritos por Coleridge, Kant, Schelling, Goethe ou Carlyle), que constituem um incrível trampolim para o projeto de Emerson e de seus colegas. Para eles, o indivíduo caiu na armadilha dos tentáculos da modernidade: o trabalho submisso, a busca incessante de ganho e lucro, a ambição social e perniciosa. O mundo, em vez de proteger e servir o homem, afasta-o daquilo que o faz existir: a natureza. Emerson evoca-a com frequência, como a uma amiga que é preciso saber contemplar com reverência e sabedoria. Se o homem ao menos aceitasse viver em harmonia com ela, descobriria que ela encerra em si mesma a fonte de sua tranquilidade e de seu bem-estar. "Nos bosques, voltamos à razão e à fé"[1], escreve Emerson em *Natureza*, relato luminoso que constitui a pedra angular do pensamento transcendentalista.

> Ali, sinto que nada pode me acontecer na vida, nem desgraça, nem calamidade, que a natureza não possa reparar. De pé sobre a terra nua, a cabeça banhada pelo ar alegre e elevada ao espaço infinito, todos os egoísmos mesquinhos se dissipam. Torno-me um olho transparente; não sou nada, vejo tudo; as correntes do Ser universal circulam através de mim; sou uma parte ou parcela de Deus.[2]

A inegável sensualidade dessas linhas, que reservam uma parte importante ao divino, consolida a ideia de uma relação única do homem com os elementos. A evocação do corpo, convidado a abraçar os nutrientes terrestres, não deixa de lembrar, aliás, certos preceitos orientais, que discretamente conduzem esse pensamento a uma filosofia do momento presente. Melhor conhecer o mundo que nos cerca, e melhor *se* conhecer: esse poderia ser o credo do grupo de Emerson, que acredita na regeneração do homem pelo universo. Essa regeneração não pode ocorrer sem o culto de si, necessitando de um recolhimento do corpo e dos próprios interesses. Trata-se de conseguir compreender as próprias sensações e emoções, rejeitando tudo o que não vem de si mesmo. Infelizmente, esses princípios fazem com que, hoje, o projeto transcendentalista seja julgado à luz deformante de um individualismo exacerbado. No entanto, ele excluía todo egoísmo e simplesmente predicava uma melhor compreensão íntima do ser humano, com o objetivo de alcançar um melhoramento da sociedade. Thoreau entende isso muito bem, e essas ideias tocam em cheio sua alma aventureira, que preserva uma certa inocência. "O amante da natureza é aquele [...] que mantém o espírito da infância mesmo na idade adulta"[3], escreve Emerson, que sem saber se dirige ao futuro discípulo.

O encontro dos dois homens ocorre durante o último semestre de Henry David em Harvard. Eles já haviam se cruzado antes, num curso de retórica, sem no entanto terem tido a oportunidade de trocar algumas palavras. Mas o acaso sorri-lhes novamente, pois a cunhada de Emerson, Lucy Jackson Brown, hospeda-se na Parkman's House, pensão familiar mantida pelos pais de Henry David em Concord. Ao conviver com a família, a cliente faz amizade com Sophia, a filha caçula.

Testemunha há vários anos do trabalho de escrita de Henry David, a irmã mais nova tem a engenhosa ideia de mostrar um ensaio escrito pelo irmão para a nova conhecida... Lucy, impressionada com a inteligência do texto e, acima de tudo, com a proximidade ao espírito de Emerson, decide então apresentar os dois homens. Feliz intermediária, a cunhada logo se torna uma obsessão para Henry David, que se enamora da quadragenária e tenta seduzi-la, deixando em sua janela um buquê de flores e um poema... A primeira declaração de amor de Thoreau infelizmente não obtém resposta, mas nem por isso compromete seu futuro encontro com Emerson.

Em 9 de abril de 1837, o mestre finalmente recebe o aluno em sua casa. Thoreau logo fica fascinado pelo autor de *Natureza* e não deixa de destacar os "talentos especiais inigualados"[4] desse quase-demiurgo, justificando assim a ascendência que seu pensamento tem não apenas sobre si mesmo, mas sobre toda uma geração de escritores, como Nathaniel Hawthorne e Herman Melville. Comovido com essa primeira troca, Thoreau mergulha de corpo e alma nos escritos de Emerson e confirma seu pendor pelas obras de história natural comprando seu primeiro livro de botânica, *Plants of Boston and Vicinity*, de Jacob Bigelow. Estimulado por essas leituras, e por esses mestres do pensamento, ele se torna um curioso radical e começa a fazer dos próprios sentidos a matéria-prima de sua escrita.

Em setembro de 1837, de volta a Concord, Thoreau tornou-se um jovem de vinte anos muito seguro de si. Suas réplicas amadurecem durante as discussões familiares cotidianas e seus projetos profissionais se definem. Ele consegue ser contratado como professor pelo colégio da cidade, seguindo a mesma carreira que os irmãos mais velhos, Helen e John, bem como Sophia, que ensinam na região. Um copioso salário lhe é oferecido para a época – uma quantia que ele nunca mais terá a ocasião de ganhar –, mas Henry David não se beneficia dele por muito tempo. Thoreau só permanece quinze dias na instituição. O jovem professor, que provavelmente ensina mais por facilidade do que por paixão, de repente pede demissão do cargo porque se opõe aos métodos educativos em vigor. Naquela América austera, os alunos são acostumados à punição: os maus-tratos e as humilhações são diários. Thoreau se recusa abertamente a participar dessa violência e a aplicar castigos corporais. Ele rememora as conversas com o pastor Orestes Brownson a respeito da educação e forja uma moral própria. Para ele, as palavras devem substituir os golpes. O conflito com seus superiores se torna inevitável. Antes de partir, porém, ele estanca subitamente em sala de aula, observa a turma em silêncio e surpreende a todos escolhendo seis alunos ao acaso e punindo-os fisicamente na frente dos outros. Seu gesto questiona e confirma o caráter esquivo do personagem. Ele tenta demonstrar, por meio da incongruência de sua conduta, o absurdo da violência? Ou tem um simples ataque de fúria? Thoreau não explica o ocorrido, e seu silêncio logo favorece rumores na cidade. A notícia se espalha e confere a Thoreau uma reputação de excêntrico, deixando os habitantes muito desconfiados. Essa marginalidade ainda nebulosa se confirma alguns anos mais tarde, em abril de 1844, quando ele sem querer incendeia o bosque de Concord durante um piquenique com o amigo Edward Hoar. Depois disso, os olhares dirigidos a ele se transformam em verdadeiros "punhais"[5] que ferem sua consciência. Trata-se de uma agressividade perceptível, mas não desconhecida, pois os olhares dos outros sempre lhe pareceram ameaçadores: "É incrível que possamos caminhar pelas ruas sem sermos feridos por essas delicadas e reluzentes armas, pois um homem facilmente pode puxar o florete, ou então, sem que percebamos, usá-lo desembainhado".[6]

Apesar de não deparar com muitos olhares bondosos, ele ainda pode contar com os do amigo Emerson. No outono, este lhe pergunta: "O que anda fazendo? [...] Mantém um diário?".[7] Thoreau, incitado pela pergunta, entrega-se com ardor à atividade, seguindo o exemplo do mestre, que mantém um diário há dezessete anos. O jovem diplomado, cujo futuro se esboça com dificuldade, pega a pluma e escreve a primeira entrada no dia 22 de outubro de 1837, num caderno vermelho de 546 páginas. Outros se seguirão, em milhares de páginas que ele redige até a morte.* Neles, comenta leituras, reúne reflexões dispersas e registra observações efetuadas junto à natureza. Também aponta alguns poemas e aforismos que prenunciam suas teses futuras. Paradoxalmente, porém, revela pouco sobre si mesmo, preferindo a contemplação do mundo exterior à introspecção de sua consciência: "Para ficar sozinho, é necessário escapar ao presente – evito a mim mesmo".[8] Por meio dessa estranha escrita de si, ele transcreve o movimento de seus pensamentos e, ao mesmo tempo, confirma sua adesão ao transcendentalismo. O costume exigia, de fato, que cada membro do clube escrevesse seu próprio diário e inclusive o compartilhasse, lendo-o aos demais durante as reuniões. Thoreau, aluno aplicado, submete-se a esse ritual de escrita, mas não deixa de pensar que as palavras registradas em seu caderno talvez não passem de signos vazios e insignificantes:

---

* Um ambicioso projeto editorial está em andamento pela Éditions Finitude. Thierry Gillyboeuf foi encarregado da tradução francesa de todos os volumes do *Journal* de Henry David Thoreau.

> Mas de que servem todos esses rabiscos? O que foi rabiscado hoje, no calor do momento, pode ser contemplado com uma ponta de satisfação, mas, ai de mim!, amanhã – ou esta noite – será obsoleto, insosso e inútil – *in fine*, não existirá mais, apenas sua casca restará – como a carapaça vermelha de alguma lagosta fervida que, mesmo descartada, continua a nos encarar.[9]

O futuro escritor, assaltado por dúvidas, ainda sofre ao reler-se.

Mas a presença de Emerson o tranquiliza. O fundador do Transcendental Club o encoraja a escrever para a revista do grupo, *The Dial*, que será publicada até 1844. Mais que um conselheiro, Emerson torna-se o guia de Thoreau, e os dois passam a se frequentar com regularidade. Também escrevem bastante um para o outro, a imponente correspondência entre os dois atestada nos dias de hoje.[10] O autor de *Natureza* o exorta e emancipar-se, a estar sempre à escuta do mundo. Ele acredita vivamente em sua singularidade e quer iniciá-lo em certa percepção do universo, que, para ele, precisa ser sentido, aspirado e tocado. Não é raro vê-los caminhando pelas falésias de Fair Haven, embriagados com o vento e com o canto dos pássaros. Thoreau não tarda a repetir essas caminhadas sozinho, exercitando o despertar dos sentidos. Certa manhã, em Concord, ele se impregnando dos raios do sol:

> Agora, o rei do dia brinca de esconde-esconde no horizonte, e cada janela de cada casa exibe um sorriso dourado – a própria imagem da alegria. Vejo a água brilhando nos olhos. O sopro surdo do dia que desperta atinge o ouvido com um movimento ondulante – chega até mim por cima das colinas e vales, prados e florestas, e estou em casa no mundo.[11]

Perpetuando os jogos da infância nos arredores da cidade, Thoreau "rola pelo espaço"[12] e deixa, principalmente em seu *Journal*, vestígios desses felizes passeios sem destino certo.

Sua alegria é registrada dia após dia, e uma estranha anedota aparece de repente sob sua pluma, um "curioso incidente"[13], segundo ele, acontecido no outono de 1837. Ele e o irmão John saem em busca de "relíquias indígenas"[14] nos bosques e fazem uma bela descoberta: "duas pontas de flecha e um pilão"[15], encontrados na entrada do pântano Bridge Brook. Thoreau, com grandiloquência, faz um discurso à glória dos heróis selvagens. Ao concluí-lo, indica, entrando na brincadeira, o lugar por onde teria passado um certo "Tahatawan". A realidade, porém, inesperadamente supera sua imaginação. Ele relata:

> Sentamos no lugar que eu havia indicado, e eu, para levar a brincadeira até o fim, fui remover uma pedra qualquer escolhida por meu capricho, quando, veja bem!, a primeira em que coloquei as mãos, a pedra removida, revelou-se uma perfeita ponta de flecha, tão afiada quanto se saísse das mãos do índio que a fabricou!!![16]

Naquele dia, a sorte sorri para Thoreau. Ele não acredita no que vê. A natureza que ele há tanto tempo preza finalmente lhe oferta seu primeiro dom. Depois de olhar com fervor para aquela relíquia inestimável, colocá-la com delicadeza no bolso e pegar o caminho de volta para casa, é provável que o jovem tenha pensado que esse tipo de descoberta era rara e nunca mais se repetiria. Ele não sabia que essa mesma natureza ainda não acabara de revelar-lhe seus tesouros.

No início do ano de 1838, Henry David ainda está tentando se encontrar. Longe de renunciar à carreira de professor – a única possível no momento –, ele espera encontrar um novo cargo nos arredores. Por certo tempo, alimenta a ideia de mudar-se para Ohio ou para Kentucky com o irmão John e fundar uma escola. Mas logo desistem da ideia. Por ora, Thoreau dedica a maior parte de seu tempo a auxiliar o pai na fábrica de lápis da família, que este último criara com o irmão, tio de Henry David, cerca de vinte anos antes. Morando na casa paterna, ele vive "na companhia de aranhas e ratos"[17] na mansarda que chama de seu "sótão".[18] Ele gosta de ficar no topo daquela casa, de olhar para o mundo do alto a partir de sua "janela panorâmica".[19] Dentro daqueles poucos metros quadrados, decorados com sobriedade, Thoreau passa longas horas a ler e escrever.

As linhas gerais de sua primeira conferência, intitulada *Society* e proferida em 11 de abril de 1838, devem ter sido esboçadas naquele sótão. Nelas, Thoreau desenvolve uma reflexão sobre o lugar do homem na sociedade e não hesita em pontuar seus argumentos com observações mordazes. Para ele, "os homens construíram cabanas, plantaram milho e batatas, uns ao alcance das vozes dos outros. Assim constituíram cidades e aldeias, mas não se associaram, eles simplesmente se reuniram, e a palavra 'sociedade' não significou mais que uma reunião de homens".[20] Thoreau questiona-se sobre aquilo que os indivíduos de fato compartilham além da terra em comum. Ele põe em causa a própria palavra "sociedade", que, para ele, perdeu o sentido: é ilusório, por exemplo, pensar que o homem é companheiro do homem. Ele se torna companheiro. Ele "não nasce em sociedade – apenas chega ao mundo"[21], mas consegue fundir-se a ela com grandes esforços de "apertos de mão ou fricções de nariz".[22] O homem em sociedade usa uma máscara e nunca se mostra tal como é. Thoreau desconfia dos fenômenos de grupo, da multidão, "animal cego e louco"[23], a quem falta autenticidade e que impede o ser humano de se afirmar.

> Não permitam que a sociedade seja o elemento no qual vocês nadam ou no qual vocês são carregados à mercê das ondas, sejam antes uma faixa de terra firme que avança mar adentro, com a base diariamente lavada pelas ondas mas cujo topo só pode ser atingido pelas grandes marés da primavera.[24]

Com essa conferência, Thoreau faz uma notável entrada de orador no Concord Lyceum, no qual logo é eleito secretário e, a seguir, curador.

No início do verão, na falta de um cargo de professor, Thoreau funda uma escola privada, que ele deseja diferente e mais livre. Sem abuso de autoridade e castigos corporais desmedidos: ele quer propor à nova geração uma nova maneira de aprender, uma alternativa à pedagogia corrente. Assim, os exercícios de matemática são feitos no campo, com o manejo de ferramentas de agrimensura; as ciências naturais são trabalhadas na horta e durante caminhadas pela floresta. A disciplina, por sua vez, é decidida coletivamente. O objetivo, acima de tudo, é formar espíritos autônomos, capazes de pensar por si mesmos. No ensaio *Walking*, escrito ao fim da vida, ele confidencia: "A Sabedoria não é o máximo que podemos obter; o máximo é a Afinidade com Inteligência".[25] Thoreau tenta transmitir essa afinidade ao lado de John, que se junta a ele nessa aventura. Apesar de apenas quatro alunos inaugurarem a improvisada sala de aula dentro da casa familiar, Thoreau logo recebe outros, pois os pais começam a afluir à sua porta para inscrever os filhos. O espaço logo se torna pequeno, e eles se mudam para um local maior, na Concord Academy, onde ele havia sido aluno.

As competências dos dois irmãos são complementares: Henry David ensina línguas antigas, física e história natural, John fica com a matemática e o inglês. Os alunos também se beneficiam de excursões semanais, a pé pelos arredores silvestres, de barco ou a nado pelos lagos e rios. Henry David sempre tem uma história para contar, uma árvore ou um animal para mostrar. Seu entusiasmo e seu carisma fascinam e deixam os ouvintes extasiados. Entre seus alunos encontra-se Edmund Seawall, um menino de onze anos e espírito vivo que ele conhece na primavera de 1839. No dia em que o garoto entra na pensão familiar dos Thoreau ao lado da mãe, Henry David fica admirado. A partir desse dia, eles passam muito tempo juntos: o adulto leva o menino a seus locais preferidos – Fair Haven, o Lago Walden, o rio Concord. O ano escolar tem início em setembro. Edmund integra a turma dos irmãos Thoreau e se torna a fonte de inspiração para um poema escrito por Henry David. "Sympathy" é o título do texto que com ternura evoca a amizade nascida daquele encontro:

> Há pouco, infelizmente!, conheci um nobre menino,
> De feições esculpidas no molde da Virtude,
> Que esta designara para ser o brinquedo da Beleza,
> Mas depois levado por ela para seu próprio bastião.[26]*

Essa estrofe revela todo o carinho de Thoreau pelo menino. Um afeto que, a seguir, se estenderá à irmã de Edmund, Ellen, por quem Thoreau se apaixona.

---

* Lately, alas! I knew a gentle boy,/ Whose features all were cast in Virtue's mould,/ As one she had designed for Beauty's toy,/ But after manned him for her own stronghold. (N.T.)

Os dois carvalhos

O fim desse verão radiante é marcado por uma viagem há muito tempo desejada e planejada. Os dois irmãos, unidos por uma grande cumplicidade, finalmente ousam realizar um de seus sonhos de criança: um périplo pouco comum para a época. No barco verde e azul construído por eles mesmos e batizado de *Musketaquid* – nome indígena do rio Concord —, eles se lançam, em 31 de agosto de 1839, numa epopeia de duas semanas pelos rios Concord e Merrimack. Viajar é uma novidade para John, mas Henry David já demonstra familiaridade com o exercício. No ano anterior, ele havia feito uma grande caminhada pelos bosques, chegando à fronteira com o Estado de Maine. Dessa vez, porém, ele parte numa travessia que o conduz para o norte da Concord natal, na contracorrente das águas. "Nunca viajei tão longe em toda a minha vida"[1], conta ele em *Uma semana nos rios Concord e Merrimack*, que narra os detalhes dessa aventura. Os anos seguintes o contradirão – pois ele irá a Nova York e ao Canadá –, mas a expedição aquática na companhia do irmão continuará sendo uma das que o marcam mais profundamente. Ele de fato talvez nunca chegue "tão longe" emocionalmente quanto nessa viagem, uma das mais felizes que fez.

No dia da partida, Henry David tem 22 anos, o irmão mais velho, 24. Embarcam com o mínimo necessário a bordo: cobertores de pele de bisão, uma tenda, um mapa, batatas, melões, ferramentas para cortar lenha e, acima de tudo, a vontade de descobrir terras desconhecidas e de se afastar da "velha rotina"[2] humana. Querem ser confrontados ao extraordinário da existência, apropriando-se do rio como de uma chave que lhes abre uma nova porta. Querem encontrar "homens de quem nunca se ouviu falar antes e cujos nomes não são conhecidos".[3] E conseguem fazer isso, pois a viagem é ocasião para conhecerem fazendeiros, barqueiros, represadores, carpinteiros, todos os tipos de pessoas humildes que vivem da terra, e ocasião para escreverem sua história.

Sob a neblina da manhã, John e Henry David levantam âncora. O barco, provido de longos remos, assemelha-se estranhamente a um "pássaro de asas potentes".[4] Lentamente, com a força dos braços, eles se afastam de Concord e dos poucos amigos de que se despendem no atracadouro. Quanto mais o barco desliza sobre o rio, mais os ruídos da cidade se aquietam e são deixados para trás. Em poucos minutos, os irmãos penetram na natureza frondosa, cercados pelos galhos dos salgueiros e pelo marulho das águas.

Eles passam a primeira noite bem perto de Billerica, no alto de uma pequena colina, a poucos passos da margem onde a embarcação está atracada. O jantar é bastante frugal: pão, açúcar e mingau de cacau, que fazem com a água do rio, aquecida. Sob a tenda improvisada, os dois irmãos observam, lado a lado, por entre as pregas do tecido, o rio adormecido. John e Henry enfim experimentam a plenitude à qual aspiravam, sem "nenhum vestígio de vida humana na escuridão".[5] Sozinhos no meio daquela natureza ainda inexplorada, têm o céu, "teto do qual o viajante nunca se afasta"[6], como único guia. Longe do universo familiar, apreciam o farfalhar das folhas, o latido dos cães nas fazendas e o chirriar das corujas. Seus ouvidos também são estimulados pelo canto dos marrecos, das tadornas, dos pássaros canoros, dos patos negros "e várias outras coisas maravilhosas e selvagens antes do anoitecer, com as quais aqueles que ficam sentados nos salões nunca sonharam".[7] Na maior parte do tempo, porém, o silêncio da floresta é o único companheiro, e eles se divertem com o eco surdo das próprias vozes.

Durante o dia, "remam sem fazer força"[8], graças à vela da embarcação, e contemplam com espanto o ciclo da vida. As águas lodosas e piscosas fazem a alegria dos dois, que transformam a prática da pesca em arte de viver. Algumas árvores – tílias ou castanheiras americanas – assumem sob seus olhares a forma de gigantescas palmeiras. A viagem, que percorre as costas da região natal, tem ares de expedição a terras distantes e se tinge, no imaginário de Thoreau, com as cores fantásticas do Oriente. Apesar de não conhecerem o Egito, John e Henry David sonham-se costeando o Nilo nas águas amarelas do Merrimack, que percorrem depois de deixar o sereno Concord. Os dois "marinheiros de água doce"[9] alegram-se ao ver que a embarcação suporta bem os redemoinhos desse rio impetuoso com no mínimo quatro metros e meio de profundidade. Apesar de prudentes, eles não estão livres de imprevistos: é preciso evitar as rochas em certos lugares, mas também escoar o barco, inundado pelas ondas.

Vários dias de navegação se sucedem, o rosto ao vento, fustigado pelas chuvas, na companhia de gaivotas, castores e outros animais das margens. A travessia às vezes é monótona, e mesmo tediosa. Mas John e Henry David, um sereno, o outro mais agitado, podem contar com seu bom relacionamento. O segundo admira o primeiro, observa-o com atenção constante e alimenta secretamente o desejo de parecer-se com ele. A profunda amizade entre os dois manifesta-se em conversas animadas que os deliciam. Gostam de trocar ideias e impressões de leituras, impactados sobretudo com o livro de Alexander Henry – explorador americano ávido de aventuras. Também revisitam com admiração os sonhos dos antigos colonos. O livro *Uma semana nos rios Concord e Merrimack* atesta essa ebulição intelectual pontuada por digressões filosóficas em torno dos temas da amizade, da religião e da arte.

Depois de saciadas as conversas, às vezes um dos dois desce à margem para explorar os arredores, enquanto o outro navega ao longo da costa para acompanhá-lo. Quando esquenta, os dois companheiros comem melões e oferecem as cascas aos peixes. Também tomam banho e se põem à sombra dos bordos para sestear. O prazer que sentem é intenso e simples: "Era agradável deitar a cabeça na grama e ouvir aquele laboratório de pequenos zunidos que nunca cessam".[10] Mas eles nem sempre estão sozinhos no rio. Os ribeirinhos, curiosos com aquele périplo, interagem com eles. Ora um pescador informa-os sobre o recente desaparecimento da enguia-prateada, ora um marinheiro comove-se ao falar do declínio da atividade fluvial, ameaçada pela chegada das estradas de ferro. Os irmãos tomam consciência, naquela natureza ainda preservada, da inevitável modernização da região onde vivem. E, convertidos aos prazeres da navegação, ficam desolados com a diminuição das eclusas e, mais globalmente, com o abandono daquelas águas.

No mapa que sempre levam consigo, as etapas da travessia se sucedem diante deles: Chalmsford, Middlesex, Tyngsborough, Nashua, Hudson, Merrimack e Bedford. Passam pelas cataratas de Amoskeag e têm, na ocasião, um encontro enternecedor: um garotinho chamado Nathan, fascinado pela história de Robinson Crusoé, quer subir a bordo. Ainda que comovidos pela candura daquele filho de fazendeiro, John e Henry David seguem viagem sozinhos e se dirigem para o monte Uncannunuc, apelidado de "Os Dois Seios". No entanto, apesar da organização, o destino almejado, a outra Concord, capital de New Hampshire, algumas dezenas de quilômetros ao norte do ponto de partida, não é atingido. Eles dão meia-volta antes de alcançá-la e voltam rapidamente para *sua* Concord, levados pela correnteza. A velocidade da descida é tão grande que os deixa exaltados: "Íamos tão rápido que tínhamos a impressão de voar"[11], entusiasma-se Thoreau, que avista com emoção, no caminho de volta, "as cores do céu natal no horizonte".[12]

Assim que pisa em terra firme, em Concord, John deixa o irmão por alguns dias para visitar Ellen Seawall – irmã do ex-aluno –, por quem se apaixonara antes da viagem. Ele vai a Scituate, cidade costeira de Massachusetts, onde ela mora com o pai, um austero reverendo. Durante o verão de 1839, John e Henry David tinham se acostumado a fazer companhia à jovem, cada um à sua maneira. Enquanto um conversava com ela por longas horas, o outro a levava para passear pelas falésias de Fair Haven. A moça, cortejada por outros homens, distrai-se na companhia dos irmãos. Mas Henry David tem a delicadeza de manter secretos seus sentimentos: ele cede o lugar ao irmão mais velho, que faz um pedido de casamento oficial a Ellen um ano mais tarde, naquela mesma praia de Scituate. Ela aceita, mas o pai a pressiona a recusar, pois despreza as tendências transcendentalistas de John. Abalado, este volta para a família em Concord, virando as costas ao amor frustrado.

Alguns meses depois, Ellen tenta obter notícias, não de John, mas de Henry David, por intermédio da tia. Ele responde-lhe diretamente numa carta afetuosa na qual faz seu próprio pedido de casamento. Prudente, Ellen comunica o pai antes de responder a Henry David. Conforme o esperado, o reverendo Seawall rejeita a aliança, pelos mesmos motivos da rejeição anterior. Ellen finalmente se casa, em 1844, com um pastor, afastando-se para sempre dos irmãos Thoreau. Estes, porém, não a esquecem, principalmente Henry David, que declarará no leito de morte à irmã Sophia: "Sempre a amei, sempre a amei".[13] Ele nunca terá outra paixão além desta, platônica e frustrada, mantendo-se celibatário pelo resto vida. No entanto, a crer seu *Journal*, ele foi casado por muito tempo com sua alma gêmea Natureza, "jovem esposa"[14] que sempre será "uma companhia doce, terna e calorosa".[15]

A vida é retomada aos poucos em Concord. Os irmãos continuam a desenvolver seu projeto pedagógico na escola que criaram. Henry David, porém, vê-se obrigado a fechá-la em abril de 1841, pois não pode mais garantir o desenvolvimento das atividades sem a presença do irmão mais velho, gravemente atingido pela tuberculose. Outra doença, porém, o tétano, é que lhe será fatal. No início de 1842, John corta acidentalmente o dedo com uma navalha. A princípio sem gravidade, o ferimento infecciona e o deixa fraco, obrigando-o a ficar de cama. O diagnóstico do médico é irreversível: a morte, inevitável, sobrevém no dia 11 de janeiro. Alguns dias depois, o jovem filho de Emerson, Waldo – que Thoreau adorava –, sucumbe à escarlatina. Aos seis anos, o menino morre numa manhã enevoada, às primeiras horas do outono, sem ter "tido tempo de criar raízes".[16] Thoreau recebe essa segunda morte com admirável sabedoria, recusando-se a ceder ao rancor diante desse acontecimento "natural"[17]: "Seu organismo delicado o exigia, e a natureza gentilmente cedeu a seu pedido. Teria sido estranho se ele sobrevivesse. A natureza não mostrará a menor pena por sua morte, e logo ouviremos o canto da cotovia nos campos, e frescos dentes-de-leão surgirão dos antigos talos que ele havia colhido".[18] Será injusto esse universo que continua desabrochando depois da morte de uma criança? Thoreau responde que não. O homem enlutado deve aceitar a lei fundamental da natureza:

> Quando olhamos para os campos, não ficamos entristecidos ante a ideia de que as flores ou as plantas vão murchar, pois a lei que preside sua morte é a mesma que preside a nova vida? A terra deveria não ter moral porque as colheitas morrem de um ano a outro? Os campos consentem de bom grado em florescer, fenecer e dar lugar a um novo campo.[19]

Mesmo assim, as duas perdas quase simultâneas mergulham Henry David numa tristeza impenetrável que ele compartilha com o amigo Emerson, também órfão do irmão mais novo. A estranha simetria entre seus destinos, e a dor que eles enfrentam juntos, reforça a amizade que cada vez mais se assemelha a uma verdadeira filiação. A correspondência trocada entre os dois, iniciada quatro anos antes, intensifica-se a partir dessa data. Thoreau dirige espontaneamente a Emerson cartas que nem sempre são motivadas por acontecimentos específicos, pelo contrário: "Não há razão para que eu, que tenho tão pouco a dizer aqui, em casa, me dê ao trabalho de enviar-lhe um pouco de meu silêncio numa carta"[20], escreve ele no início de uma missiva datada de 11 de março de 1842.

Nesse período de luto, a escrita aparece como uma salvação para Thoreau, que começa, nesse mês de julho, a redigir as memórias da viagem efetuada com John. Ele se baseia, para tanto, nas próprias lembranças e, acima de tudo, no diário de bordo que os dois mantiveram, como diletantes, durante a odisseia. Thoreau dele retira pequenos detalhes do cotidiano, impressões e sensações anotadas às pressas, mas também algumas linhas de poesia escritas sobre as águas. Essa matéria-prima, porém, apesar de informar sobre o conteúdo formal da viagem, não recria a intensidade da experiência vivida e experimentada. Thoreau se dá conta da dificuldade do exercício e se prepara para uma redação longa e laboriosa. Ele quer colocar em palavras algo que vá além do simples relato de aventuras: tem em mente uma obra quase programática que revele, sob a aparência de uma expedição de barco, suas ideias transcendentalistas. Suas reflexões sobre a natureza e a amizade são alternadas com anedotas concretas que fazem do livro, a exemplo da viagem, um relato bastante digressivo.

    Iniciada após a morte de John, durante o verão de 1842, a obra condensa em sete dias uma travessia de duas semanas. Nesse sentido, Thoreau toma o partido da reescrita, e também do romance, multiplicando, com o passar dos anos, os rascunhos e as diferentes versões. Está em busca de uma certa verdade da escrita e se entrega, de corpo e alma, ao projeto. Seus "golpes de pluma"[21] atingem o papel com vigor e "disciplina".[22] Thoreau tem consciência de que o escritor, como o lenhador, precisa cortar a própria lenha: "O espírito nunca faz um grande esforço vitorioso sem uma energia equivalente do corpo".[23] No entanto, a exigência para consigo mesmo não é suficiente para convencer os editores. Vários recusam o manuscrito, e Thoreau sem dúvida teria abandonado a ideia de publicá-lo se Emerson, que lera o texto, não o tivesse encorajado. Ele é recompensado por seus esforços quando um certo James Munroe aceita, em 1849, editar o livro com o título *A Week on the Concord and Merrimack Rivers* [Uma semana nos rios Concord e Merrimack], desde que o autor pague os custos de impressão se a obra não vender.

A homenagem ao irmão morto é infelizmente acompanhada por um novo drama. Helen, irmã de Henry David, morre de tuberculose em junho de 1849, maculando a publicação de seu primeiro livro. Para cúmulo do infortúnio, Thoreau se vê obrigado a comprar do editor, alguns anos depois, várias centenas de exemplares que lhe são entregues pelo trem: "Tenho agora uma biblioteca de cerca de novecentos volumes, sendo mais de setecentos escritos por mim mesmo".[24] O golpe é duro e o tom, amargo. Mas essa decepção não tira nada da força de *Uma semana nos rios Concord e Merrimack*, que continua sendo uma obra tanto sobre a fraternidade quanto sobre renascer. Em suas linhas, Henry David consegue fazer "sentir o pulso"[25], e o leitor "adivinha o sangue eterno que por ele corre"[26]: o do irmão John, fiel companheiro de viagem. Os dois irmãos, apesar de separados, são como os carvalhos de que fala Thoreau nos versos de seu *Journal* em 8 de abril de 1838:

> Como dois vigorosos carvalhos, que lado a lado
> Resistem à tempestade de inverno,
> E apesar do vento e da correnteza,
> Ampliam o fausto da campina,
> Pois ambos são fortes
>
> No topo mal se tocam, mas revolvidos
> Até sua fonte mais profunda,
> Com encanto revelam
> Que suas raízes estão inseparavelmente
> Entrelaçadas.[27] *

---

* Two sturdy oaks I mean, which side by side,/ Withstand the winter's storm,/ And spite of wind and tide,/ Grow up the meadow's pride,/ For both are strong// Above they barely touch, but undermined/ Down to their deepest source,/ Admiring you shall find/ Their roots are intertwined/ Insep'rably. (N.T.)

O refúgio transcendentalista

Depois de fechar sua escola, Thoreau aproveita a liberdade reencontrada para escrever. *The Dial* recebe vários textos seus: ensaios sobre alguns de seus autores preferidos – como o pensador latino Aulus Persius Flaccus – ou, mais comumente, sobre temas filosóficos – a amizade, a escravidão, a natureza. Seus artigos, porém, nunca são publicados. A diretora da revista, Margaret Fuller, ainda parece duvidar da pertinência e do talento do jovem protegido de Emerson. Mesmo assim, Thoreau continua a escrever para si mesmo. Ele se dedica especialmente à poesia em seu diário – verdadeiro laboratório criativo –, mas é muito crítico em relação aos próprios escritos, e sua exigência o leva a destruir alguns de seus textos.

Em março de 1841, ao longo de sua educação transcendentalista, ele tem a ocasião de experimentar um retorno à natureza. Dois amigos do Transcendental Club, George e Sophia Ripley, fazem-lhe uma proposta bastante comum à época: convidam-no a participar da Brook Farm, uma comunidade utópica que acabam de fundar em West Roxbury e que pretende propor um novo modo de vida. Depois da crise econômica que atingiu o país no final dos anos 1830, foram criados vários grupos semelhantes, que buscavam novas maneiras de se viver na sociedade americana. Os Ripley se concentram no trabalho da terra – que permite a venda regular de produtos agrícolas –, bem como em lazeres de todo tipo – dança, teatro, leituras etc. Thoreau e outros transcendentalistas, dentre os quais Emerson, recusam-se a aderir ao projeto, apesar de visitarem o local, levados pela curiosidade. Henry David é particularmente cético. Ele não acredita na pertinência desse grupo, um pouco fantasista a seus olhos. Além disso, nunca foi utopista, muito pelo contrário: sempre teve os pés no chão, firmemente presos à realidade. Mais tarde, ele também declina da proposta do amigo Amos Bronson Alcott – pai da escritora Louisa May Alcott, autora do romance *Mulherzinhas* –, que queria criar sua própria comunidade.

Emerson é muito atento à produção literária de Thoreau e dá-lhe muitos conselhos. Por ocasião da publicação do terceiro número da revista, confia-lhe um projeto ambicioso: propor um estudo da história natural de Massachusetts, fórmula que dá nome ao artigo em questão, publicado em abril de 1842. Trata-se do primeiro verdadeiro trabalho científico realizado por Thoreau. Muito preocupado com o lugar e o papel do indivíduo na natureza, ele exorta o leitor a estar presente por inteiro na observação: "É preciso olhar demoradamente antes de conseguir ver"[1], alega o primeiro a colocar em prática seu próprio método. Ao mesmo tempo, ele prolonga sua crítica, iniciada mais cedo, ao progresso industrial: "Não se aprende por indução e dedução, nem aplicando à filosofia as regras matemáticas, mas por relação e afinidade direta com as coisas. [...] Com todo o auxílio da mecânica e das artes, o espírito mais científico será sempre o do homem mais saudável e mais amigável, aquele que possui à perfeição a sabedoria indígena".[2] Assim invocando os povos ancestrais de seu país, ele mais uma vez afirma seu gosto pela vida saudável, que ele quer proteger a todo custo.

Outro artigo, publicado no mesmo ano, atesta esse engajamento visceral. Intitulado "Paradise (to be) Regained", baseia-se nas teorias de John Adolphus Etzler, matizando-as. No livro *The Paradise within the reach of all men, without labour, by power of Nature and*

Machinery, publicado em 1833, este engenheiro alemão defende o uso da ciência e da técnica para melhorar a vida dos homens. Ele aplaude a invenção da energia a vapor e da força hidráulica, louva o desenvolvimento da energia maremotriz e, mais surpreendentemente, das energias solar e eólica. Suas ideias visionárias despertam em Thoreau, cerca de 150 anos antes de sua adoção prática, um profundo interesse. Como Etzler, Thoreau pensa que o homem é "o mais feroz e o mais cruel dos animais"[3] e deve respeitar a natureza. "Não utilizemos mesquinhamente aquilo que nos é dado generosamente"[4], ele diz aos que tiram proveito, sem escrúpulos, das riquezas naturais. Ele os encoraja, ao contrário, a pensar nas consequências de seus atos e a considerar que essa mesma natureza, que eles mutilam, pode ser uma aliada:

> Ela [a natureza] pode fazer o globo girar constantemente, ela pode aquecer sem fogo, ela pode alimentar sem alimento, ela pode vestir sem roupas, ela pode abrigar sem telhado, ela pode criar um paraíso interior que dispensa qualquer paraíso exterior.[5]

O apicultor é o único a encarnar o homem de razão, e Thoreau louva a nobreza de sua atividade, que não prejudica o ambiente. Ele não deixa de surpreender o leitor de hoje ao antecipar certas problemáticas ecológicas de nosso tempo, sobretudo ao se perguntar: "Mas por que as casas dos homens desta terra não podem ser construídas de uma vez por todas com materiais duráveis?".[6] Notável hipótese, concretizada nos dias de hoje, enquanto cada vez mais indivíduos se voltam para a natureza a fim de saciar as necessidades que eles mesmos criaram para si...

Alguns meses antes da morte do irmão, Thoreau instala-se na casa daquele que se tornara mais que um mentor: o amigo Emerson. Emerson abre-lhe as portas da própria casa e oferece-lhe um lugar no seio de sua família em troca de alguns serviços. Henry David, um tanto transtornado pela doença de John, aproveita a oportunidade e assume a função de factótum. Muito trabalhador, ele ajuda Emerson a cultivar o jardim, a cuidar das árvores frutíferas e a construir gaiolas. A família o adota como um filho, e o novo morador se afeiçoa aos filhos do casal, gostando de contar-lhes histórias. À noite, é com Emerson que ele conversa, e consulta à vontade sua grande biblioteca, que abunda em referências orientais e autores europeus. Romances e livros científicos raras vezes ganham sua atenção. Ele se interessa pela leitura de textos sagrados, que considera os únicos capazes de despertá-lo. Assim como em Harvard, a companhia dos livros lhe é cara, e ele é cuidadoso com o que tem em mãos: "É preciso escolher bem suas leituras, pois os livros são a sociedade que frequentamos. Deve-se ler apenas os que trazem a verdade".[7] As biografias, portanto, são um gênero que Thoreau particularmente aprecia.

Seu novo emprego do tempo não o priva das eternas caminhadas pelos bosques e pelas montanhas. No verão de 1842, alguns meses depois da morte do irmão, ele encontra um novo companheiro de viagem na pessoa de Richard, o jovem irmão de Margaret Fuller, a quem havia oferecido sua ajuda na preparação das provas de Harvard. Juntos, eles querem subir o monte Wachusett, "decididos a escalar a parede azul que delimitava o horizonte a oeste".[8] O pico "solitário"[9], situado perto do rio Connecticut, eleva-se a mais de seiscentos metros. O monte, que toca os céus, não desencoraja os dois caminhantes, que querem atingir esse "sustento do paraíso".[10] Eles começam ao amanhecer a caminhada que se prolongará por quatro dias, percorrendo vales verdejantes e atravessando alguns vilarejos. Depois de passar a primeira noite no albergue de um sueco, eles chegam com facilidade ao topo do mais alto ponto da região, verdadeiro "observatório do Estado"[11], que domina as terras que se estendem a seus pés. Os mirtilos, as framboesas e demais frutas vermelhas, "divinas e leves"[12], presentes secretos da montanha, compõem o modesto jantar degustado sob as estrelas e o luar. Inebriados com essa "leve elevação"[13] noturna, os dois amigos abrem os olhos ao amanhecer e constatam com decepção que a bruma oculta o horizonte. Sem ver a terra, eles flutuam num mar de nuvens, encalhados numa ilha rochosa ausente de todos os mapas. O poeta latino Virgílio os acompanha nessa jornada etérea. Seus versos transportam os amigos e mostram-lhes uma natureza antes desconhecida. Em volta deles, as nuvens enfim se dissipam e revelam uma paisagem bucólica... Como que por magia, no próximo despertar, o vento empurra a penugem branca, e eles podem, como falcões, contemplar a paisagem do alto:

> Era um lugar onde os deuses talvez vagassem, tão solene e solitário, e isolado do contágio com a planície.[14]

A imagem é ousada, mas dá a medida exata do panorama que se abre diante deles. Ver o mundo de cima é não apenas aproximar-se da Providência como adquirir um conhecimento único, ao qual poucos homens têm direito. Eles voltam para casa mais maduros, descendo as encostas do Wachusett no compasso do "canto vesperal do melro".[15] Mesmo descendo à terra, eles guardam dentro de si um pouco da atmosfera etérea da montanha. As preciosas lembranças dessa breve ascensão são reunidas por Thoreau em *A Walk to Wachusett*, publicadas alguns meses depois, em 1843, numa revista de Boston.

Com exceção dessa pequena ausência, Henry David em geral é muito presente junto aos filhos de Emerson, sobretudo quando este é convidado a proferir conferências em outras regiões dos Estados Unidos ou na Europa. Thoreau escreve-lhe com frequência para dar notícias de suas duas filhas, informando-o sobre cenas tão importantes quanto enternecedoras: as primeiras palavras pronunciadas pela pequena Edith, os lampejos de lucidez de Ellen, a mais velha. A ausência do patriarca, que dura vários meses, também faz com que Thoreau conheça melhor sua esposa, Lidian Jackson, que também era membro do Transcendental Club e a quem Thoreau chamava naturalmente de "irmã mais velha".[16]

Em 1843, no entanto, ele deixa esse caloroso lar e embarca para Nova York. Perto dali, em Staten Island, um cargo de preceptor lhe fora reservado junto à família do irmão de Emerson. Thoreau é esperado para encarregar-se da educação do pequeno William, de oito anos.

Os primeiros dias perto do oceano são dolorosos, pois ele pega um resfriado acompanhado de uma bronquite, pequenos problemas de saúde que o impedem de descobrir a contento o novo ambiente. Depois de restabelecido, porém, ele pouco se desloca até a cidade, e o pouco que visita de Nova York é uma decepção: "Tenho vergonha de meus olhos"[17], aventura-se a escrever a Emerson. Somente o cortejo informe e compacto de mulheres e homens o fascina tanto quanto o assusta: "A multidão é uma coisa nova à qual se deve prestar atenção. Ela equivale a mil igrejas da Trindade e Bolsas, que ela contempla – e passará na frente delas e um dia as pisoteará".[18] Petrificado pela massa de cidadãos que se desloca sem objetivo, Thoreau sente a mesma impressão diante dos barulhos da cidade: sua agitação não lhe agrada de modo algum. Ele prefere ir à praia, perto do mar que ruge e cuja imensidão o impressiona, ou ainda divertir-se transplantando mudas.

Thoreau secretamente se sonha longe de todo aquele agito e sente falta da cidade natal. As cartas que escreve na época a Emerson e à mulher deste, Lidian, estão impregnadas de saudade pela terra de Concord, e quase sempre silenciam a respeito da experiência nova-iorquina: "Imagino que as flores devam ter prosperado, já que não estou aí para zombar delas, e as galinhas, não resta dúvida, mantiveram sua reputação"[19], podemos ler entre duas evocações nostálgicas da colheita dos grãos ou dos passeios a pé. Como um remédio a esse afastamento forçado, ele mais uma vez retoma suas recordações através da escrita do relato *A Winter Walk*. Trata-se de uma obra animista, que prefigura em vários aspectos a redação de *Walden*. Em pleno verão nova-iorquino, Thoreau recorda-se do "ambiente confortável"[20] dos invernos de Massachusetts. Ele narra a alegria de olhar para fora atrás dos "vidros congelados"[21] da janela e contemplar a natureza começando a reaver seus direitos. A neve apagava as pegadas humanas e só deixava visíveis as da raposa, do rato ou do coelho que se aventuravam lá fora à noite. Não resta dúvida de que, para Thoreau, no meio das "florestas, essas cidades naturais"[22], a "vida [era] muito mais viva"[23], mais intensa e mais poética do que em Nova York. As árvores tinham "braços brancos estendidos para o céu"[24], o solo era "sonoro como madeira seca"[25] e o rio hibernava num rugido surdo. Thoreau nos oferece, assim, o retrato de uma "era primitiva"[26], na qual o ar era tão puro, tão "tonificante"[27], que se tornava um verdadeiro "elixir para os pulmões".[28] Ao vazio cotidiano de Staten Island, e ao sufocamento constante que sentia, ele opunha, por meio dessa ode ao inverno, um imperativo radical: "Respirar".[29]

Apesar de a cidade o mergulhar em certo *spleen**, Thoreau não deixa de ter alguns encontros importantes. Emerson dá-se especialmente ao trabalho de recomendá-lo a Henry James, um grande intelectual nova-iorquino cujo segundo filho, também chamado Henry – o futuro romancista, autor de *Retrato de uma senhora* e de *A volta do parafuso*, entre outros –, acabara de nascer. O jovem preceptor fica feliz com a entrevista arranjada e vai visitá-lo com entusiasmo. O encontro corresponde às expectativas, e as três horas de conversa que se seguem são um deleite. "Foi um imenso prazer conhecê-lo"[30], escreve Thoreau a Emerson em 8 de junho de 1843, numa carta entusiasmada. Feliz com a acolhida calorosa, ele não deixa de dizer ao amigo o que pensa daquele homem "visionário e sempre à frente"[31]: "Não conheço ninguém tão paciente e determinado a tirar o melhor do outro. [...] Ele naturalizou e humanizou Nova York para mim".[32] Sua expatriação começa a parecer-lhe mais doce, e ele segue conhecendo pessoas novas: o poeta William Henry Channing, com quem cruza na biblioteca nacional, Horace Greeley, redator-chefe do *New York Tribune* – seu futuro agente literário. Mas esses conhecidos recentes não consolam Thoreau em sua situação. Como não consegue se sentir no lugar certo e não desenvolve um vínculo particularmente forte com o aluno, ele decide voltar para Concord, após uma ausência de oito meses e uma melancolia igualmente longa.

Ele pisa novamente o chão da terra natal em pleno inverno. Aos 26 anos, sem emprego e sem conseguir ganhar a vida com suas publicações ou conferências, ele decide morar, como seria de se esperar, na casa dos pais. Além de voltar à companhia dos transcendentalistas, ele se dedica a encontrar uma ocupação que lhe dê dinheiro.

---
* Enfado, melancolia. (N.E.)

Assim, faz alguns serviços de agrimensura, jardinagem e pintura. Mas a maior parte de seu tempo é investida na fábrica de lápis da família. Henry David chega num momento oportuno, pois a empresa enfrenta dificuldades há algum tempo. Junto com o pai, ele desenvolve, a partir de 1844, novas técnicas de produção de grafite, enriquecendo-o de acordo com o modelo alemão, com argila. O resultado chega à altura de suas expectativas e permite-lhe adquirir uma bela reputação. Na época, alguns consideravam seus lápis os melhores da América.

Esses trabalhos se prolongam, no outono, com a construção de uma nova casa para a família. Ela é erigida num terreno comprado pelo casal Thoreau em Concord, ao longo da Texas Street. Henry David participa ativamente das obras, encarregando-se de escavar as fundações da construção. Enquanto trabalha para os pais, uma ideia toma forma em sua mente: dedicar-se sozinho a um projeto similar. Os dias passados às margens do lago Sandy na pequena cabana construída por Wheeler, seu colega de quarto em Harvard, haviam deixado uma doce lembrança. Assim, quando Emerson lhe oferece um terreno emprestado às margens do Lago Walden, ele não hesita em aceitar... Logo que a neve começa a derreter, na primavera de 1845, ele prega as primeiras tábuas de madeira da cabana que será, muito mais que uma casa, um conceito filosófico.

A vida nos bosques

"Andei muito por Concord."[1] Não há declaração mais apropriada para designar quem foi Thoreau: um aventureiro tranquilo, um peregrino sedentário de inúmeras movimentações que, paradoxalmente, são realizadas com certo imobilismo. Ao longo de toda a vida, sua única ambição foi chegar ao fim da trilha na floresta, navegar pelos rios de sua cidade ou flanar à beira das falésias da Nova Inglaterra. Concord era seu continente, sua ilha deserta, seu oceano constantemente explorado. Quanto mais ele conhecia os arredores, mais a vontade de ali se estabelecer o invadia. Quando a guerra no México se torna inevitável devido à anexação, em fevereiro de 1845, do Estado escravocrata do Texas pelos Estados Unidos, Thoreau decide afastar-se dessa política que ele desaprova. É provável que esta seja uma das razões profundas de sua partida para os bosques. Sem dúvida há outras, sobre as quais hoje só podemos tecer hipóteses. A decisão teria sido uma consequência de sua iniciação transcendentalista, dado seu engajamento total a essa corrente de pensamento? Teria sido uma ideia sugerida por Emerson? O pai do Transcendental Club havia acalentado o projeto, anos antes, de morar por algum tempo nos bosques, onde ficava "a juventude eterna"[2], sem no entanto realizá-lo. "Para retirar-se na solidão, é preciso tanto sair de seu quarto quanto da sociedade"[3], ele havia escrito na abertura de *Natureza*, antecipando a decisão do discípulo. Ou teriam sido as múltiplas decepções pessoais de Thoreau que o levaram a mudar radicalmente de vida? Um primeiro elemento de resposta nos é dado no segundo capítulo de *Walden ou A vida nos bosques*, o livro que narra essa viagem singular:

> Fui para a mata porque queria viver deliberadamente, enfrentar apenas os fatos essenciais da vida e ver se não poderia aprender o que ela tinha a ensinar, em vez de, vindo a morrer, descobrir que não tinha vivido. Não queria viver o que não era vida, tão caro é viver; e tampouco queria praticar a resignação, a menos que fosse absolutamente necessário. Queria viver profundamente e sugar a vida até a medula, viver com tanto vigor e de forma tão espartana que eliminasse tudo o que não fosse vida.[4]

A "excursão"[5] pensada por Thoreau começa com a construção de uma pequena cabana de madeira construída nas margens do Walden, um pântano que mais parece um lago e fica a dois quilômetros de Concord. Ele que havia averiguado várias fazendas em torno da cidade, sem nunca conseguir adquirir alguma, com isso consegue sua desforra. Pouco importa, no fim das contas, não ter conseguido tornar-se um proprietário como os outros. Ele sabe, no fundo de si mesmo, que pertence àqueles bosques: "Onde eu tomava assento, podia viver, e a paisagem irradiava de mim em harmonia com isso".[6] O local é mais importante que a cabana, e o fantasma do usufruto dá lugar à condição de "squatter" ("posseiro"[7], em português). Em vez de pagar algumas dívidas, Thoreau autoriza-se a só se curvar para si mesmo, tendo como única recompensa o prazer inestimável de trabalhar com as próprias mãos e de só dever algo a elas: "Nela sinto concentradas todas as minhas melhores faculdades".[8]

Com orientação sul, a casa improvisada mede dez pés de largura por quinze de comprimento.* Thoreau a constrói sozinho, com mãos calejadas e cobertas de resina que não são mais usadas para segurar livros, mas

---

* Cerca de três metros por 4,5 metros (um pé equivale a pouco mais de trinta centímetros).

carregar tábuas. Ele recupera algumas tábuas, aliás, de uma cabana vizinha comprada de um irlandês. Mas estas não são suficientes, e ele é obrigado a cortar lenha e a talhar na madeira dos pinheiros suas próprias vigas. Com uma chaminé, uma porta e duas grandes janelas voltadas para o lago, a nova casa de Thoreau é modesta, porém robusta para um abrigo florestal. Acima de tudo, ela lhe proporciona uma rara segurança, que o protege do espectro da bancarrota. Ele rejeita e fustiga essa decomposição: "E quando o agricultor se torna dono de sua casa, não vai ficar mais rico, e sim mais pobre, e é a casa que se torna dona dele".[9] Para ele, o dinheiro, objeto de infortúnio, deve ser evitado em vez de cobiçado. Ele se afasta, portanto, desse jogo mercantil e instala-se, em 4 de julho de 1845, nessa casa "despretensiosa"[10], alguns meses depois de tê-la construído.

A crer em seus escritos, o famoso dia da partida não foi premeditado: ocorreu "por acaso".[11] A data, porém, não é anódina. É o dia da Independência americana – uma comemoração da qual Thoreau recusa participar. Faz vários anos que realiza pequenos trabalhos na cidade, que tenta se integrar e ganhar a vida. Mas ele sente dificuldade para encher a carteira e não encontra lugar naquele mundo, que não parece convir-lhe ou que não parece aceitá-lo do jeito que ele é. Ao mesmo tempo, é-lhe absolutamente impossível deixar a região de Concord. A experiência nova-iorquina é a prova de que ele não pode viver sem seu oxigênio. Sua expatriação será, portanto, um exílio de proximidade, uma maneira de ser plenamente autônomo sem estar longe dos seus.

Na cidade, as festividades têm início, a fanfarra afina os instrumentos, bandeiras são hasteadas nas ruas. Thoreau prepara sua trouxa de roupas, atravessa a rua e celebra não a independência de seu país, mas a sua.

Do alto de seus 28 anos, ele se desenraíza de um mundo para melhor enraizar-se em outro, que consente em conceder-lhe um pequeno lugar. Uma "extensa mata"[12] o aguarda, com seu lago que ora se assemelha a uma "íris"[13], ora a um "espelho"[14], e também seus novos habitantes, que falam uma língua tão diferente. "Logo me descobri vizinho de pássaros"[15], ele escreve, "não por prender algum deles, mas por ter me engaiolado perto deles".[16] Por dois anos, dois meses e dois dias, ele faz companhia aos pardais-do-campo, tordos-do-bosque, noitibós e outros.

A duração exata dessa expedição selvagem ainda lhe é desconhecida. No entanto, ele tem certeza de que um dia deverá voltar. Por trás dos cabelos desgrenhados e dentro daquela cabeça que não cessa de pensar esconde-se um espírito livre, por certo, mas um espírito que não renuncia totalmente à convivência com os homens. Thoreau segue seu instinto. Está em busca daquilo que existe por trás da natureza conhecida por todos. Ao penetrar na misteriosa periferia dos bosques de Concord, também deseja restaurar sua própria natureza, regenerar-se, de certo modo purgar-se do mundo que o cerca. Ele pode contar, para tanto, com o precioso lago, pobre em peixes, mas rico em outros dons. Sua água diáfana é a fonte que mata sua sede. Ele é um "poço"[17] de trinta metros de profundidade que abunda em maravilhas para aquele que sabe contemplá-lo. Acima de tudo, porém, sua circunferência desenha "o olho da terra; fitando dentro dele, o observador mede a profundidade de sua própria natureza".[18] Ao contrário de Narciso, Thoreau renasce ao contato com as águas do Walden, que agem sobre ele como um elixir da verdade: o lago o revela a si mesmo.

A "aspiração à vida selvagem"[19], que ele inegavelmente concretiza, contudo, não o impede de manter um laço com o mundo civilizado. Pois a solidão não é um objetivo a ser alcançado. Ele chega inclusive a se perguntar se "a proximidade humana não seria essencial para uma vida serena e saudável".[20] Ele não é um homem de alma solitária, e dá provas disso ao mencionar alguns amigos que vão visitá-lo, mas também curiosos ou trabalhadores de todo tipo que cruzam seu caminho. Um dia, um pescador lhe faz companhia: eles gostam de se sentar juntos no lago, cada um numa ponta do barco, e esperar em silêncio que os peixes mordam. Quando volta de suas caminhadas, ele constata com alegria que seu ninho foi visitado por algum explorador que deixa vestígios de sua passagem – galhos no chão, marcas de sapato e ramalhetes de flores em cima da mesa. Com a neve, durante as primeiras noites de inverno, ele divide seu fogo com um velho que lhe conta uma saborosa anedota sobre a região.

Essas visitas inesperadas não o incomodam: ele as tolera com candura, aceita-as, rejeitando qualquer hostilidade à companhia dos homens: "Penso que gosto de convívio social tanto quanto a maioria das pessoas"[21], ele escreve na abertura do capítulo "Visitas". Prova dessa tolerância: a porta de sua casa está sempre aberta ao mundo, pronta a acolher tanto os pássaros como os passantes. Em seu lar, três cadeiras guarnecem a sala: "uma para a solidão, duas para a amizade; três para o convívio social".[22] A modesta mobília não é suficiente, aliás, para acomodar todos os que o visitam. Thoreau revela nunca ter recebido tantas visitas quanto no período em que viveu no bosque. Deixando de lado a ironia, quando os visitantes são numerosos demais – de "vinte e cinco a trinta almas"[23] – eles não têm escolha e precisam ficar em pé... Uma provação pela qual tiveram de passar sua mãe e suas irmãs, cofundadoras da Concord

Female Anti-Slavery Society – associação antiescravista criada em 1837 –, que gostam de organizar reuniões na casa dele. Às vezes seguidas por Emerson, elas também convidam outras pessoas – como um antigo escravo, Lewis Hayden, que participa de uma assembleia em 1º de agosto de 1846. Toda essa multidão chega ao bosque acompanhando os trilhos da ferrovia de Fitchburg, que costeia o Lago Walden. Esse precioso "vínculo"[24] de ferro, que liga o mundo da natureza ao dos homens, é percorrido por Thoreau para chegar a Concord para ouvir os mexericos, inteirar-se de algumas novidades ou jantar na casa dos pais.

O autor de *Walden* não é o eremita em que se poderia pensar, portanto. Nem monge nem misantropo, ele às vezes gosta, como todo mundo, de ficar sozinho. E escolhe cultivar o gosto pelas atividades solitárias longe do burburinho da cidade. Walden poderia ser seu claustro – pois, como ele mesmo afirma, *"walled-in"*[25] significa "murado".[26] Ele é antes uma bolha dentro da qual seu ser pode se recolher e se recarregar, sem no entanto ser cortado do mundo. O rumor citadino nunca está longe: o apito do trem que passa perto de Concord e o badalo pontual dos sinos da igreja às vezes rompem a feliz tranquilidade do exilado e lembram-no da agitação humana. No entanto, enroscado nesse casulo transparente, estranhamente protegido nesse espaço aberto, ele tira pleno proveito das caminhadas matinais sob as árvores ou das tardes inteiras passadas sobre a água. A vida se torna uma grande festa, um "entretenimento".[27] Até o trabalho doméstico é um passatempo agradável: com entusiasmo, Thoreau varre o chão ou deixa em ordem a cabana que lhe serve de abrigo nos dias de chuva.[28] Atrás da janela, ele espera o fim da tempestade, contemplando a natureza reaver o que é seu e dando livre curso à imaginação.

No dia a dia, ele vive e se contenta com pouco. O despojamento que prega, e que erige em verdadeira "habilidade"[29], não é uma novidade para ele. Antes de Walden, ele já havia experimentado levar uma vida modesta. Ele sabia que "se sustentar nesta terra não é um sofrimento, e sim um passatempo"[30], desde que se siga não apenas o caminho da sabedoria como o da frugalidade. Na época em que Thoreau fazia pequenos consertos e jardinagens para os vizinhos de Concord, ele havia aprendido que seis semanas de trabalho eram suficientes para cobrir todas as suas necessidades materiais e alimentares por um ano inteiro. Feliz descoberta para aquele que pratica o mesmo método na natureza, sob um teto de madeira e cercado por um mobiliário sóbrio construído por suas próprias mãos: uma cama para dormir, uma escrivaninha para escrever, um espelho para se olhar... Cada objeto tem sua função nessa humilde casa, somente o estritamente necessário para garantir a seu ocupante a satisfação de suas necessidades elementares. Thoreau dá corpo à ideia de simplicidade voluntária – um conceito hoje na origem de seu renome filosófico.

Sem mais nenhum papel a desempenhar na sociedade, e estando cercado de árvores e animais, Thoreau, que nunca dera importância ao cuidado com sua pessoa, negligencia voluntariamente os cuidados com a higiene, o cabelo e as roupas. À época, vários amigos são testemunhas de seu aspecto repugnante. Na mata, os únicos cuidados que ele tem com o corpo são os banhos diários, pela manhã e às vezes à tarde, na água fresca do Lago Walden. O resto não passa de futilidade a seus olhos. A recusa de cuidar da roupa e da aparência revela um profundo desprezo pela moda, cujo conformismo ele não hesita em ironizar: "O macaco líder em Paris põe um gorro de turista, e todos os macacos na América fazem igual".[31] A roupa, para ele, não é mais que uma ferramenta, uma fonte de conforto, e não um elemento de ornamento escolhido por "amor à novidade"[32] ou para agradar aos outros homens. Ele precisa, à maneira das árvores, adquirir uma casca, cobrindo a nudez do corpo e mantendo-o aquecido. O que poderia ter sido uma simples rejeição às convenções torna-se, portanto, um verdadeiro retorno aos fundamentos, que Thoreau prolonga ao fazer uma escolha pela autarcia. Ele cultiva os próprios legumes e ocasionalmente substitui a moeda por feijões, que vende ou troca por bens de primeira necessidade.

Esses feijões, aos quais dedica um capítulo inteiro de *Walden*, fazem parte de seus alimentos mais preciosos. Perto de sua cabana, ele os planta em dois acres e meio de terra (cerca de um hectare) e cuida deles diariamente. Todas as manhãs, às cinco horas, ele sai para trabalhar, atravessando a bruma matinal, o rosto voltado para a terra brilhante de orvalho. Ele lavra, escava e carpe. A atividade, repetitiva e fastidiosa, aparenta-se curiosamente a uma "guerra"[33] sem fim contra ervas e matos daninhos que sufocam seus legumes: "Diariamente os feijões me viam chegar em seu socorro, armado com uma enxada, para dizimar as fileiras de seus inimigos, lotando as trincheiras com mortos daninhos".[34] Obstinado, e sem contar as horas, Thoreau trabalha de pés nus. A terra úmida chega a seus tornozelos e escurece suas mãos. O agricultor trabalha lentamente, mas cada um de seus gestos revela uma extrema precaução e um saber preciso. O "nativo da terra, caseiro e laborioso"[35], assim curvado sobre suas plantações, tem algo do mágico: ele não colhe apenas seu alimento, ele faz a terra falar e deixa que "o solo amarelo express[e] seus pensamentos estivais".[36] Com ele, o lavrar se faz poema. Apesar de extenuar o corpo, ele também tem o dom de alegrar os ouvidos:

> Quando minha enxada batia contra as pedras, aquela música ressoava até a mata e o céu, e era um acompanhamento de meu trabalho que dava uma safra instantânea e imensurável.[37]

Simplicidade de um gesto, de um som e, *a fortiori*, de uma satisfação imediata: mais uma vez, Thoreau demonstra que é fácil alcançar a felicidade.

Quando porventura o frio e as marmotas não destroem seu jardim selvagem, Thoreau consegue colher boas provisões – milho, ervilha, nabo e batata também são cultivados por suas mãos – e garantir suas necessidades. Ele também faz o próprio pão e gosta de cozinhar broas de milho[38], que assa em seu fogo ao ar livre. Orgulhoso de não consumir nem chá, nem café, nem manteiga, nem leite, nem carne fresca, ele saúda a "única verdadeira América"[39], que lhe permite seguir o modo de vida que ele quiser, sem passar fome. O vegetarianismo, aliás, é indissociável de seu humanismo: o indivíduo inteligente é, para ele, aquele que pode "se abster de alimentos de origem animal".[40] Ele não deixa, em seu livro, de enfatizar a alegria de consumir tudo o que não é carne. A um curioso que lhe pergunta "se eu acho que posso viver só de vegetais"[41], ele logo responde que "posso viver de pregos"[42], prova, se houvesse necessidade de uma, de sua espantosa criatividade.

As bases de seu otimismo criam raízes na certeza de que não existe fraqueza humana e de que o indivíduo não consegue conceber nem metade das próprias capacidades. O corpo e a mente, quando ao abrigo de sofrimentos, podem superá-los de maneira profunda. Convencido de que "o homem é um animal que, mais do que qualquer outro, consegue se adaptar a todos os climas e circunstâncias"[43], ele afirma, assim, seu projeto de autossuficiência e cava ainda mais fundo o sulco de sua independência. No livro inspirado por essa experiência, ele narra a provação do organismo e da consciência com o objetivo expresso de abalar os hábitos dos homens. *Walden ou A vida nos bosques* é, muito mais que um relato de exílio, um incrível manual filosófico no qual Thoreau, "com nervos firmes, com vigor matinal"[44], esboça os contornos de uma nova maneira de estar no mundo.

Algemas nas mãos, sorriso nos lábios

Três decisões fundamentais poderiam resumir a vida de Thoreau. A primeira foi inverter a ordem de seus prenomes. A segunda, viver na mata. A terceira, tomada num dia de verão de 1846, um ano depois de se estabelecer à beira do lago, foi recusar-se – transgressão suprema – a pagar os impostos. Seria a rebelião fonte de todas as suas decisões? No caso de Thoreau, que segue os passos do avô paterno, é evidente que ela no mínimo é uma das causas. "Não" é a resposta simbólica dada ao governo que exige dele o pagamento de uma taxa de capitação. Fazia seis anos que ele devia uma quantia que hoje pode parecer irrisória – seis dólares –, mas que mesmo assim ele se recusa a pagar. Pagar os impostos nunca fora uma questão antes, ele sempre os pagara de bom grado quando se tratava de taxas reservadas por exemplo à manutenção de estradas ou escolas. Mas o que está em jogo se torna muito importante: os Estados Unidos, que já haviam anexado o Texas, declararam guerra ao México a fim de recuperar o restante das terras cobiçadas. Thoreau, insubmisso, quer manifestar seu descontentamento para com um país que age por caprichos e só pensa em aumentar sua supremacia, recusa-se a financiar uma guerra que ele considera desonrosa e decide fazer uma pequena revolução. O cidadão que desdenha das leis é um desertor? O termo exato seria "corajoso": "serenamente declaro guerra ao Estado"[1], ele escreve, intrépido, naquela que se tornará uma obra de referência para outros tantos rebeldes mundo afora. *A desobediência civil* será o livro de cabeceira de Gandhi e de Martin Luther King.

Na manhã de 23 de julho de 1846, a caminho do sapateiro da cidade, com quem deixara um par de sapatos para conserto, ele é interpelado por Samuel Staples, filho do dono da estalagem e coletor de impostos de Concord. Esse homem, que é seu amigo, não tem a menor vontade de colocá-lo na prisão. Oferece-se, portanto, a emprestar-lhe dinheiro, pois sabe da difícil situação financeira de Thoreau, que acabava de ter uma colheita ruim. Thoreau, no entanto, declina da oferta e se deixa levar sem pestanejar. Nada pode convencê-lo a obedecer a um Estado que faz da política um jogo sangrento e que assume com orgulho o próprio arcaísmo: profundamente escravista, o país "compra e vende homens, mulheres e crianças como gado às portas de seu senado"[2], na maior impunidade e há anos. É demais para Thoreau, que se deixa conduzir sem pestanejar para a Middlesex Jail, no centro de Concord. Em poucos minutos, ele é encarcerado dentro de uma cela de paredes espessas, pintadas de cal, atrás de uma porta de madeira e ferro que, ao contrário da de Walden, tem um grande cadeado. De imediato, uma sensação de perplexidade o domina: o Estado realmente pensa puni-lo prendendo "um mero amontoado de carne, sangue e ossos"?[3] Ignoravam, portanto, que suas "meditações"[4] continuavam totalmente desimpedidas, e "eles é que eram, na verdade, tudo de perigoso".[5] Preso, Thoreau está mais livre que nunca – por certo longe das florestas que ele tanto gosta de percorrer, mas mais perto de suas ideias.

Um preso divide a cela com ele. O homem se mostra curioso a respeito das razões da prisão de Thoreau e conta como chegou ali. Acusado de incendiar um celeiro, há três meses aguarda pacientemente que seu julgamento seja realizado. Os dois ocupam as janelas da cela, observam a vida lá fora, espreitam o som das vozes dos transeuntes. Eles folheiam alguns panfletos abandonados num canto e leem poemas de antigos prisioneiros que narram suas fugas frustradas. Eles conversam o dia todo, até o cair da noite. Deitado em sua cama, Thoreau ouve a cidade natal adormecendo e espanta-se com a batida do relógio central, saboreia os sons animados da cozinha da estalagem contígua e tem a impressão de redescobrir Concord: "Dormir ali por uma noite foi como viajar para um país distante, que eu jamais esperara conhecer".[6] Pela manhã, o desjejum composto por meio litro de chocolate e um pedaço de pão preto é servido numa vasilha de lata. Thoreau parece, à imagem do companheiro, apreciar essa vida nova e confortável, com "casa e comida de graça".[7]

Mas a aventura tem curta duração, para grande infortúnio do cativo que se alegrava com sua situação. Alguém de seu círculo, provavelmente sua mãe, paga a fiança no dia seguinte ao encarceramento e liberta o herói de um só dia... Assim que sai da prisão, ele recupera o sapato consertado no sapateiro e junta-se a um grupo de colhedores de mirtilos nos altos de Fair Haven. Sob os pesados olhares da vizinhança, Thoreau retoma sua vida onde a havia deixado, alimentando sua reputação de excêntrico.

A caminho do reino de Pomola

Walden poderia ter sido seu porto de chegada. No entanto, à luz de suas idas e vindas – mais ou menos previstas e desejadas –, foi antes um porto de partida, especialmente quando Thoreau decide ausentar-se por quinze dias a fim de explorar as florestas do Maine, ao norte de Massachusetts. Apesar de cercado pela vegetação mais bela da região, e constantemente seduzido por novas descobertos ao redor do lago, ele continua sendo o insaciável sonhador que precisa de novos horizontes. Walden não basta, ele precisa, se não ir mais longe, viver ainda mais profundamente a natureza. A decisão de tentar subir o monte Ktaadn* toma forma, assim, no fim do verão de 1846. E para escalar o ponto mais alto do Maine – cujo nome significa "a terra mais alta"[1] em língua indígena – que culmina a mais de 1.600 metros de altura, o viajante precisa que todas as condições sejam favoráveis. A feliz dissipação das "nuvens de borrachudos, mosquitos e pernilongos"[2] convence-o a dar início a essa nova expedição. Em 31 de agosto, portanto, ele sai dos arredores de Concord, deixando sua cabana para trás, e parte de trem para Bangor, cidade fluvial do Estado de Maine. Lá, encontra-se com o companheiro de viagem, George Thatcher, marido de sua prima Rebecca Jane Billings. Eles se dirigem para Mattawamkeag em 1º de setembro, levando na bolsa algumas roupas, nenhum mapa e um simples fuzil a tiracolo. A aventura, como quase sempre para Thoreau, resultará num texto escrito, *The Maine Woods*, publicado em 1848.

---

* Grafia utilizada por Thoreau para se referir ao monte Katahdin. (N.T.)

O primeiro objetivo dos dois consiste em chegar ao rio Penobscot. Eles atingem seu objetivo e sobem a bordo de um "batteau"[3] [*sic*], embarcação de madeira leve que parece uma canoa, construída especialmente para as fortes correntezas. Em volta deles, desenha-se uma região de madeireiras, que funcionam graças à força natural da corrente. Ali, o homem faz uso da natureza, chegando a abusar dela. A visão das árvores rejeitadas pelo manejo industrial deixa Thoreau profundamente abatido. Ele se questiona sobre os motivos da derrubada organizada das florestas de seu coração: "A missão dos homens, ali, parece ser, como tantos demônios atarefados, fazer a floresta da região desaparecer o mais rapidamente possível, desde o mais isolado pântano de castores até a encosta da montanha".[4] Mais adiante, ele se surpreende ao ver que alguns troncos têm gravado o nome de seu proprietário[5], como se a natureza pudesse pertencer a alguém. Ao longo das margens também surgem acampamentos indígenas, últimos vestígios de uma comunidade em declínio e de uma história que desaparece sem fazer barulho. Quanto mais eles avançam, mais parecem voltar no tempo e aproximar-se de uma época distante, selvagem. Duas índias vistas na água evocam a "melodia aborígene"[6] que se apaga suavemente. Mas sua chama ainda arde, pois leva os dois viajantes a uma aldeia de tendas simples guardada por muitos cães. Nesse ambiente preservado, eles esperam encontrar um guia que os leve ao topo da montanha. Um certo Louis Neptune, "homem pequeno e rijo, de rosto franzido e enrugado"[7], chama a atenção dos dois. O índio havia acompanhado o doutor Charles T. Jackson, alguns anos antes, na escalada do Ktaadn. Após uma breve negociação, eles chegam a um acordo e decidem encontrar-se no dia seguinte na barragem de Point, na junção de dois rios, a fim de seguir caminho juntos.

À noite, enquanto Thoreau e o primo, hospedados numa estalagem, esboçam de memória – e com muitas imprecisões – um mapa dos lagos da região, são alcançados por dois amigos de George que, como ele, trabalham no comércio de madeira e sonham escalar o monte Ktaadn. A equipe completa se põe a caminho do oeste, mergulhando "numa natureza selvagem totalmente inabitada"[8], entremeada por inúmeros rios: "nem cavalo, nem vaca, nem veículo de qualquer tipo jamais passou por aqui"[9], escreve Thoreau, alegre de percorrer aquelas terras quase virgens. Os quatro viajantes seguem com toda discrição, um atrás do outro, em "fila indiana"[10] – como os guerreiros sioux, povo que ocupava o sudeste da América do Norte. Seus pés afundam na terra úmida e na água fresca. Thoreau avança com ardor, não hesita em molhar no rio seu único par de sapatos, que não devia ser muito espesso – mas "o bem calçado viaja na maior parte do tempo com os pés molhados"[11], ele repete consigo mesmo. Os vestígios humanos aos poucos desaparecem, apesar de acampamentos de lenhadores, colonos ou caçadores despontarem furtivamente por entre as árvores. Eles passam por várias habitações, que Thoreau repertoria meticulosamente em seu livro, antecipando o trajeto dos próximos "turistas"[12]: "Quero registrar os nomes dos colonos e as distâncias, pois cada cabana nesses bosques é uma hospedagem e essas informações não deixam de ser importantes para aqueles que vierem a passar por aqui".[13] As casas, perdidas no meio da mata, feitas de troncos de árvores, lembram a cabana de Walden, ao mesmo tempo templo e asilo.

Algumas permitem-lhes passar a noite ou proteger-se da chuva. A curta passagem pela casa do singular McCauslin marca a todos. Thoreau admira esse solitário de origem escocesa que tem "todo o céu e o horizonte só para si"[14], e que lhes oferece hospitalidade sem esperar algo em troca. Sua casa é vigiada em terra firme por alguns cães e, nos ares, por um falcão que bate suas amplas asas e sobrevoa o perímetro da clareira. Os quatro companheiros utilizam sua manteiga para encerar as botas[15] e leem os opúsculos encontrados ao acaso sobre uma prateleira – livros de Eugène Sue ou de geografia, em sua maioria. Assim hospedados, mesmo que modestamente, eles consideram toda a sorte que têm. E Thoreau elogia a gentileza e a lucidez dos anfitriões do Maine: "Na verdade, quanto mais penetramos na mata, mais percebemos que seus habitantes são inteligentes e, em certo sentido, menos rústicos que os citadinos".[16] Em poucas linhas, ele acaba com toda a ideia de tolice tão ligada à imagem dos habitantes do interior. Nenhum indivíduo bárbaro nem retrógrado vive naqueles bosques: apenas homens que não podem ser corrompidos por nada e que compreendem, talvez melhor que ninguém, o que é a vida. O afastamento da civilização é muito favorável ao homem, Thoreau sabe disso há tempo. Ele, que ao lado do irmão John gostava de dar aulas embaixo das árvores, que escolhera a mata como lar há quase um ano, constata com alegria que seu instinto estava certo e que a verdade de todas as coisas se encontra ali, no meio de lugar algum. Seu raciocínio reprova o pretensioso homem da cidade e não poupa nem mesmo o paraíso natal:

> Se eu quisesse encontrar uma mente estreita, desinformada e rústica [...], seria entre os entorpecidos habitantes de uma região rural colonizada há muito tempo, em fazendas esgotadas e deterioradas para sempre, em cidades vizinhas de Boston, e mesmo na estrada de Concord, e não nas florestas do Maine.[17]

Guiados pelo movimento das nuvens e pelas variações de luminosidade, Thoreau, George e os dois companheiros voltam à estrada no dia seguinte, depois de esperar, sem sucesso, serem alcançados por Louis Neptune. Sem o acompanhante indígena, eles convidam McCauslin – que passam a chamar de Tio George – para ser seu guia, ao menos por certo tempo. Este último aceita, e eles seguem o curso do rio Millinocket até a última cabana existente, pertencente a um certo Thomas Fowler, "o mais antigo morador desses bosques".[18] Depois de cruzar o rio, eles sabem que a próxima parada será ao pé da montanha. Eles seguem caminho por água e avistam por entre as nuvens o pico do monte Ktaadn. Trinta milhas os separam da grande rocha, que já fizera sonhar mais de um homem. Thoreau sabe que outros antes dele haviam tentado alcançá-la – entre eles, um nativo de Massachusetts – e que cada um à própria maneira deixara por escrito um relato da expedição. A vontade de Thoreau de escalar aquele maciço continua intacta. Que vista ele terá da natureza e do mundo depois de chegar ao topo? Será preciso, como lhe disse Louis Neptune, "enterrar uma garrafa de rum no pico"[19] para honrar o deus Pomola, guardião daquela eminência rochosa? A força do desconhecido é tal que Thoreau se deixa levar pela imaginação e em pouco tempo surgem sob seus olhos "coníferas livres e felizes"[20] e "nuvens vermelhas".[21] A embarcação avança ao ritmo das remadas e dos cânticos náuticos que ressoam à luz do luar. O uivo dos lobos às vezes acompanha o eco de suas vozes. Algum urso que se esconde atrás de uma árvore será acordado pelo barulho? A pergunta vem à tona mas não os alarma, nem os faz parar.

Ambejijis, Passamagamet, Katepskonegan, Pockwockomus, Sowadnehunk: os nomes indígenas dos lagos e rios que eles percorrem soam como fórmulas mágicas. Sobre águas calmas ou rápidas, que abrem suas portas umas após as outras, a tripulação se adapta a todas as correntezas. Depois de uma noite passada ao relento, pescando trutas e acampando perto de um rio, eles tomam o caminho do monte Ktaadn, a poucas milhas de distância. Mantendo os olhos na bússola, o bando de Tio George atravessa com prudência os últimos trechos de floresta, ouvidos atentos ao menor ruído suspeito e mãos nos fuzis. Alces, imensos cervídeos discretos, mas perigosos, habitam aquelas terras, e é preciso evitar perturbá-los a qualquer preço. Ao se aproximarem do pé da montanha, Thoreau é eleito batedor, "enquanto alpinista mais antigo".[22] Sua recente escalada do monte Wachusett lhe deixara algumas lembranças: é preciso observar os diferentes caminhos possíveis, examinar cada encosta, escolher a mais fácil de percorrer. Ele parte, portanto, para fazer alguns reconhecimentos sozinho, "subindo de quatro"[23], a fim de melhor guiar os companheiros no dia seguinte.

Eles começam a subir ao amanhecer: Thoreau, bem à frente, é logo cegado pela bruma, perdido no meio daquela "fábrica de nuvens".[24] O pico do Ktaadn aparece furtivamente entre duas nuvens brancas. Mas a paisagem caótica o faz avançar às cegas. Desmesurada e ameaçadora, a Natureza o desafia e parece dirigir-se a ele para deixá-lo de prontidão. Thoreau não se contenta em descrevê-la, ele lhe dá uma voz:

> Nunca criei esse solo para teus pés, esse ar para tua respiração, essas rochas para serem teus vizinhos. Aqui, não posso apiedar-me de ti nem acariciar-te, mas implacavelmente expulsar-te para lugares onde sou mais gentil. Por que me procuras onde não te chamei e depois te queixas porque descobres que sou uma

> madrasta? Se congelares, passares fome ou perderes a vida, aqui não há santuário, não há altar, nem acesso a meus ouvidos.[25]

Mas como é doce para aquele viajante nato aproximar-se daquele perigo invisível e entrar naquele reino proibido, principalmente quando o vento limpa o horizonte e revela um panorama magnífico. Ele e os companheiros não chegam ao topo: as condições meteorológicas, o cansaço e o fim das provisões levam-nos a voltar sobre seus passos. No entanto, "a matéria bruta"[26] do Maine, rica em "florestas imensuráveis"[27] e "inúmeros lagos"[28], deixa todos embasbacados.

No caminho de volta, ainda estupefato com a atmosfera hipnótica daquelas alturas, Thoreau finalmente entende a natureza "primitiva, indomada e definitivamente indomável"[29] que nunca havia visto. Ele sente fervilhar sob os pés a verdadeira terra que molda o globo. Sua força é tão grande que o assusta: "Sentia-se claramente a presença de uma força não destinada a ser bondosa para com o homem".[30] Deus também é evocado. Não resta dúvida de que ele reina naquele lugar e que, portanto, pode imiscuir-se na mente do viajante. "Que Titã é esse que me possui?"[31], pergunta-se o escritor, que treme e toma consciência do próprio corpo. Ele arde por dentro, sente tudo. Essa impressão, por mais estranha que seja, faz com que ele compreenda que existir no meio da natureza é, muito mais que uma necessidade, uma evidência:

> Ter diariamente a matéria sob seus olhos, estar em contato com ela – rochas, árvores, vento no rosto! A terra firme! O mundo real! O bom senso! Contato! Contato! Quem somos nós? Onde estamos?[32]

A terra, pela primeira vez, o faz perder o chão e as certezas. Thoreau fica perturbado, enfeitiçado por Ktaadn. E a embriaguez não está nem perto de sair de suas veias, pois as florestas do Maine o receberão por mais duas vezes, em 1853 e 1857, depois que ele vive e encerra definitivamente o projeto humanista de Walden.

Um outro Novo Mundo

Thoreau não teme comparações. Com toda a audácia que lhe é característica, ele chega inclusive a suscitá-las. Os últimos capítulos de *The Maine Woods* e de *Walden ou A vida nos bosques* mencionam, assim, um personagem mítico, uma encarnação humana da Viagem, de quem o escritor se apresenta como o herdeiro direto: Cristóvão Colombo. Se o navegador genovês descobre sem querer o continente americano, Thoreau por sua vez parte voluntariamente em busca de paragens desconhecidas, numa nação que *a priori* não tem mais nada a esconder. A expedição para Ktaadn revelara que "o país continua virtualmente não mapeado e explorado, e nele ainda tremula a floresta virgem do Novo Mundo".[1] Quatro séculos não teriam sido suficientes para que todos os recantos da América fossem conhecidos? Haveria ainda alguma chance de descoberta, por mais ínfima que fosse? É provável que sim. Mas esta não deveria ocorrer no espaço, e sim dentro do homem, no interior de seu próprio corpo e espírito:

> Seja um Colombo para novos continentes e mundos inteiros encerrados dentro de ti, abrindo novos canais, não de comércio, mas de pensamento. Todo homem é o senhor de um reino ao lado do qual o império terrestre do Czar não é mais que um débil estado.[2]

E à pompa do soberano russo Thoreau opõe os ingredientes da simplicidade e do isolamento, condição *sine qua non* para a descoberta de seu Novo Mundo interior.

Ao voltar de Ktaadn, ele regressa à cabana e aos arredores do Lago Walden e dá seguimento às experiências no coração da natureza, sozinho. Seu livro, do qual escreve alguns fragmentos na mata, se não justifica a escolha por esse modo de vida, ao menos tenta lançar suas bases. Thoreau redige-o ao longo de vários anos, retocando-o constantemente antes da publicação da obra, em 1854. Cerca de oito versões são produzidas. A que conhecemos hoje comporta dezoito capítulos e acompanha a vida do narrador dia após dia, ora pescando no lago, ora cortando lenha, ora caminhando por entre as árvores. Mesmo assim, a obra não é lida como um diário de bordo, nem mesmo como um relato propriamente autobiográfico. O pressuposto de Thoreau obedece a um movimento secreto: o livro é entrecortado por múltiplas digressões. Primeiro, Thoreau reescreve o que viveu. Ele reduz, por exemplo, a duração de sua estadia: os dois anos e alguns meses são condensados em um ano. Mais espantoso ainda, ele inventa falsas tabelas e diverte-se detalhando, em várias anotações e cálculos, suas despesas diárias, como se quisesse tornar mais autêntica a experiência... Por meio da escrita, ele cria para si mesmo um personagem, mas a onipresença da primeira pessoa do singular, como no *Journal*, estranhamente deixa pouco espaço a revelações íntimas.

O relato inteiro está voltado para o leitor. Thoreau gosta de interpelá-lo, ou mesmo invectivá-lo. Como um galo, ele quer "trombetear"[3] e acordar toda a vizinhança: "Precisamos ser provocados – tocados como gado, por assim dizer".[4] À frente do rebanho, ele se apresenta como um guia que pretende fazer os homens chegarem a um novo alvorecer da alma. Sua mensagem fica ainda mais clara quando ele aborda o trabalho e a ambição: "Ficaremos sempre estudando como conseguir mais coisas dessas, e nunca, nem de vez em quando, nos contentaremos com menos?"[5], ele pergunta a todos os que fazem dos desejos suas necessidades. Ao desperdício de nossas forças em trabalhos extenuantes, à corrida incessante de todos os dias, Thoreau opõe uma necessária desaceleração: "Não nos deixemos transtornar nem submergir naquela terrível corredeira"[6], ele avisa antes de criticar a rotina e o hábito que ritmam nossas vidas atarefadas.

Outra injunção chama nossa atenção e se impõe como a palavra de ordem do relato: "Simplicidade, simplicidade, simplicidade!".[7] A tripla exclamação resume o pensamento profundo do escritor. Voltando as costas para o "oceano encapelado"[8] da vida em sociedade e contentando-se com o que a natureza tem a oferecer, ele consegue viver de outro modo e quer explicar isso a seus semelhantes. Nesse sentido, *Walden*, o livro, é uma espécie de pequena dramaturgia, assim como Walden, o local, é um palco, no qual Thoreau atua e declama seu texto. A imagem do "anfiteatro"[9] surge, aliás, furtivamente certo dia de barco sobre as águas, as ribanceiras íngremes formando como que arquibancadas que cercam o lago onde se desenrola uma curiosa representação... A metáfora questiona e enfatiza o paradoxo, até então discreto, de sua iniciativa: ele se afasta da sociedade dos homens também para ser mais visto e ouvido por eles.

Em nenhum momento os escritos de Emerson o abandonam. Eles obcecam sua mente, acompanham seus gestos cotidianos e reavivam em sua memória os mandamentos fundamentais: sempre tomar tempo de olhar, sentir e existir. Thoreau se faz cobaia de uma experiência transcendentalista, portanto, e Walden se torna a improvável escola do olhar e do pensamento que permite ao escritor colocar em prática, e no cotidiano, a teoria do mestre. Sua emancipação filosófica se completa neste instante, quando ele compreende que a sabedoria só pode ser alcançada por meio da experiência física do real. Seus olhos, sempre à espreita como os dos animais, são reconhecidos como seu instrumento mais valioso. Voltados para o céu, eles servem para contemplar o topo dos pinheiros, das nogueiras e dos carvalhos; à frente, para encontrar frutas frescas nos galhos das cerejeiras anãs ou dos sumagres; mais perto, para detê-lo diante do esplendor das flores da sempre-viva, da vara-de--ouro, ou diante do azul púrpura do gladíolo. Nada pode comprometer o espetáculo que se desenrola diante de suas pupilas alertas. Fixos por certo tempo na nervura das folhas, seus olhos apreendem os vestígios estrelados deixados na neve pelos moradores da mata. Thoreau permite-se inclusive observá-los de perto. Armado de um microscópio, ele observa exércitos de formigas em luta e faz pequenos experimentos. Certo dia, por exemplo, derrama um balaio de espigas de milho num montículo de neve a poucos metros de suas janelas. Ali, sob seus olhos, coelhos brancos, esquilos-vermelhos, gaios e chapins tomam o butim. Sempre renovado, o espetáculo de piruetas e revoadas deixa Thoreau extasiado. Por horas a fio, ele se diverte observando os jogos e a gulodice dos pequenos roedores, a frugalidade e a graciosidade dos pássaros. As aves parecem ser seus animais preferidos, os que ele mais gosta de espreitar. Ele se aproxima deles, quando não são eles que vão diretamente até ele, tomando-o por uma árvore:

> Uma vez, fiquei com um pardal pousado em meu ombro por alguns instantes, enquanto estava carpindo uma horta na cidade, e me senti mais galardoado por aquela circunstância do que me sentiria com qualquer dragona que me fosse dado usar.[10]

Outra vez, é uma coruja dormitando sobre um galho que o espreita com seus olhos redondos e negros, desconfiada, atenta aos sons que ele emite. Em poucos segundos, os papéis se invertem: o cientista não é mais o senhor da situação. De observador ele se torna o observado.

Todos os dias, a beleza desse "gabinete de curiosidades"[11] se oferece a seus sentidos, mas principalmente à sua "alma capaz de admiração".[12] De fato, é porque Thoreau sabe abrir os olhos e, portanto, surpreender-se, que ele pode usufruir desse ambiente. Ele confessa: nada de "grandioso"[13] é encenado diante de seus olhos. Apesar das inegáveis belezas, a natureza não é excepcional em si, mas ela assim se torna sob o olhar que consegue sublimar a realidade. Assim, um simples movimento pode se tornar um acontecimento, ou um "fenômeno".[14] O que ele mais aprecia é sentar-se e olhar o lago de cima, contemplar suas perturbações, "estudar os círculos ondeantes que se inscrevem incessantemente em sua superfície"[15], causados pelo vento, pelos insetos e pelos peixes que o agitam. Um curioso passatempo que tem a vantagem, enfatiza ele, de ser uma "ocupação tranquilizadora".[16] Bastante brincalhão, Thoreau se dedica de bom grado a espantosos exercícios de observação, colocando por exemplo a cabeça entre as pernas, como uma criança, para olhar o lago de ponta-cabeça:

> De pé na areia lisa da praia, na extremidade leste do lago, numa calma tarde de setembro, quando uma leve cerração torna indistinta a margem do outro lado, entendi de onde veio a expressão "a superfície vítrea de um lado". Se invertemos a cabeça, parece um fio de finíssima gaze a se estender pelo vale, cintilando contra o fundo dos pinheirais distantes, separando os estratos da atmosfera. Parece que poderíamos vadeá-lo a seco até as colinas da outra margem, e que as andorinhas roçando a superfície poderiam se empoleirar nele.[17]

O olhar amoroso inverte os pontos cardeais e se perde numa visão quimérica da natureza. A cor do lago se confunde com a do céu, dependendo da posição ou da inclinação dos olhos. O azul "cor de ardósia"[18] ou puxando para uma "cor amarelada"[19] se transforma em um segundo num verde "claro"[20], "escuro"[21] ou "vivo".[22] Não há mais formas ou limites distintos: a "água celeste"[23] toma posse de seus direitos.

De tanto ser observado e descrito, o lago não é mais lago. De "poço"[24] ele se transforma em monstro. Ele parece se modificar, respirar e roncar como um ser vivo. As variações do nível da água são um exemplo entre outros dessa personificação do Lago Walden no imaginário de Thoreau. Meio gourmet, meio ogro, o lago "de vez em quando lambe seus lábios gretados"[25] para marcar seu território. As margens, que têm pouca vegetação, são como "os lábios do lago em que não cresce barba alguma".[26] Por meio desses detalhes, Thoreau escreve uma espécie de lenda de Walden – a menos que ela já exista e ele a esteja simplesmente perpetuando... Ele não nega seu fascínio pelas fábulas indígenas. Uma em particular afirma que esse mesmo lago havia sido uma colina elevada que teria afundado e engolido uma tribo inteira que se reunia em seu topo... O suficiente para assustar os viajantes e garantir ao homem do bosque uma quietude exemplar.

De olhos fechados, é para outro êxtase que ele desperta: o dos ruídos que o cercam. Essa melodia constante é alimentada pelo zumbido das abelhas, pelo grito dos gaviões, pelo mugido das vacas ou pela revoada diária dos pombos selvagens.[27] Ao nascer do sol, Thoreau gosta de sentar-se à porta de sua cabana e não fazer nada além de ouvir o mundo. "Em serena solidão e quietude, enquanto as aves cantavam ao redor ou cruzavam a casa num voo silencioso"[28], ele experimenta um prazer inaudito e entra em comunhão com o pensamento oriental. Não há negligência nessa atitude preguiçosa, mas uma suave inércia que permite uma plena entrega do corpo ao universo. Completamente incorporado à discreta cacofonia da mata, Thoreau tenta compreender os sons, imitá-los, chegando a nomeá-los em seu livro. Ele transcreve o "Uh-u-u-u--u"[29] e o "gl"[30] dos pássaros noturnos, as "batidinhas de um pica-pau"[31], ou ainda o "tr-r-r-oonc, tr-r-r-oonc, tr-r--r-oonc"[32] da rã. Sob esse estranho alfabeto, essa *"lingua vernacula* da Mata de Walden"[33], desenha-se a matéria sonora da natureza.

O próprio corpo de Thoreau aos poucos se coloca à altura do animal, torna-se seu igual chegando a adotar seu instinto. Um dia, ao observar uma marmota correndo, ele sente a tentação de "devorá-la crua".[34] Não é tanto o apetite que o guia, mas o desejo de aflorar o primitivo, de deixar a selvageria apoderar-se dele. E esta acaba por dominá-lo... Thoreau corre pela mata, qual fera enraivecida, a goela aberta. Nenhuma lei, nenhuma barreira o detém. Postado atrás de um tronco de árvore, imóvel, ele espera a hora certa para pular sobre sua presa e "agarrar a vida com rudeza".[35] Pouco a pouco, o limite entre o humano e o não humano se apaga dentro dele. O animal e o mineral prevalecem: "Não sou também folha e húmus?".[36]

As outras partes de seu corpo não ficam adormecidas, em especial no inverno, estação durante a qual Thoreau percorre os caminhos imaculados de neve. As marcas de seus pés são logo acompanhadas pelas das mãos e dos joelhos. Ele perde em altura, sem dúvida, mas se aproxima do essencial. Assim como gosta de mergulhar na água, ele busca o contato com o solo. Ele se funde aos elementos, "patinhando e [se] arrastando"[37] pela neve branca, ventre na terra – e na Terra. Essa relação física com a natureza de certo modo suplanta aquela, inexistente, do corpo a corpo. Faz tempo que Thoreau se recusa a ceder aos próprios desejos, a admitir sua sexualidade, a deixá-la desabrochar. Ele nunca faz menção a um pendor carnal pelo outro, ou por si mesmo. Sua virgindade, apesar de não confirmada, é no mínimo muito provável. Seus escritos, que vão todos de encontro a qualquer erotismo, esclarecem-nos a esse respeito e evidenciam uma clara contradição: como é que Thoreau, que só vivia por e para o corpo, e que corria atrás da experiência da sensação e da percepção, pôde abster-se de toda e qualquer atividade sexual? Por que recomendou tão radicalmente a castidade pura e simples? "Se vocês querem evitar a impureza e todos os pecados, trabalhem com empenho, mesmo que seja limpando um estábulo. A natureza é difícil de vencer, mas deve ser vencida."[38] Para ele, sua própria natureza representa um perigo, uma coisa que deve ser reprimida, mesmo que seja necessário extenuar-se ou violentar-se para tanto. A outra Natureza, aquela que o cerca, é a única que, paradoxalmente, permite que ele usufrua de seu corpo. Por isso ele caminha, nada e enche os pulmões de ar. Essa é a única possibilidade de prazer para esse solitário feliz que, ao não se entregar às pulsões, desenvolve um pensamento tônico e entusiasta.

Em cima de sua mesa reina a *Ilíada*, que o segue por toda parte há anos. De tanto folheá-la, ele pode recitar passagens inteiras de cor. Ele lê e relê quando pode, ocupado demais que está, cuidando dos legumes na rua ou escrevendo *Uma semana nos rios Concord e Merrimack*. Mais que um objeto, a obra de Homero é um companheiro de viagem e de solidão – até que um desconhecido some com um de seus volumes "talvez com uma capa impropriamente dourada".[39] Thoreau paga caro por uma porta sem fechadura, mas consola-se com a ideia de que o ladrão possa tirar partido da leitura, mais sutil que "as colunas do jornal".[40] Ler, para ele, é a única educação possível para os homens. Ela eleva, desperta e permite compreender a si mesmo: "Talvez exista o livro que nos explique nossos milagres e nos revele outros. As coisas atualmente inexprimíveis, talvez as encontremos expressas em algum lugar".[41] Em Thoreau, existe uma verdadeira fé na literatura. Ela tem o poder de acarinhar e aquecer a alma, de realizá-la mais que qualquer universidade. Essa é provavelmente uma das lições de Walden: o homem pode forjar as próprias ideias, sozinho, a partir de "poucos livros".[42] Basta ele se dedicar a isso com a mesma energia dedicada ao trabalho cotidiano. Essa é uma tarefa que Thoreau tenta honrar da melhor maneira possível, especialmente escrevendo *Walden*, seu próprio livro, destinado a lançar "um arco sobre o abismo de ignorância [...] que nos rodeia".[43]

Thoreau instala-se na mata para provar-se a si mesmo e conhecer-se melhor. Dois anos depois, no início do mês de setembro de 1847, ele volta para Concord, metamorfoseado, com a firme intenção de transmitir um pouco de sua experiência aos outros.

> Eu não gostaria que ninguém adotasse meu modo de vida em hipótese alguma; [...] mas gostaria que cada um se dedicasse a encontrar e seguir *seu próprio* caminho, e não o do pai, da mãe ou do vizinho.[44]

Aos trinta anos, ele é o exemplo perfeito do homem que abraçou a liberdade, sem tirar partido de seu diploma de Harvard, sem seguir o caminho professoral do irmão e das irmãs e, acima de tudo, sem nenhuma ambição de ganhar a vida desperdiçando-a. A temporada em Walden permite-lhe viver por si mesmo, e ele faz disso o tema de uma de suas conferências, "History of myself", no Concord Lyceum.

Ele logo começa a escrever *Walden*. Seus fracassos editoriais precedentes o assombram e o levam a retrabalhar a obra, composta como um mosaico, tão semelhante às anotações de seu diário e ao texto de suas conferências. O trabalho é homérico, mas ele se aplica com disciplina. Graças aos laços desenvolvidos durante a estadia em Nova York, ele consegue publicar algumas passagens da futura obra em formato de folhetim no *New York Daily Tribune*. Enquanto isso, entrega o manuscrito a seus editores de Boston, William Davis Ticknor e James T. Fields, e o livro é lançado na primavera de 1854. Walden se torna uma lembrança. Ele às vezes consegue sonhar com o lugar, voltar a ele em pensamento, e chega a questionar-se sobre seu exílio em seu diário:

> Por que me mudei? Por que saí da mata? Acho que não sei dizer. Muitas vezes desejei voltar. Tampouco lembro como fui parar lá. Talvez não seja um problema meu, mesmo sendo o de vocês. Talvez eu quisesse uma mudança. Pode ser que eu tivesse a sensação de estagnar.[45]

Ele nunca responderá a essas perguntas, não pode fazê-lo: é incapaz de avaliar aquilo pelo qual passou. Resta a certeza de que ele se sente viver intensamente.

Pensar a sociedade

Os meses posteriores à odisseia de Walden se assemelham estranhamente aos que a precederam. Depois de vender as tábuas da cabana ao jardineiro de Emerson, Thoreau deixa definitivamente as margens de seu "pequeno mundo"[1] e reencontra, sem surpresa, o cotidiano de Concord. Ele ora vive na casa dos pais, ora na casa do amigo filósofo, que se ausenta para uma longa turnê de conferências na Europa. Estimado na cidade por seus trabalhos de agrimensura e bricolagem, ele também auxilia regularmente o pai na fábrica de lápis, e assiste o amigo Alcott na construção de uma cabana para Emerson – uma pequena habitação que ele sem dúvida ajuda a construir em agradecimento ao mestre pela hospitalidade. Essa rotina bastante ritmada não poderia ser comprometida por nada, *a priori*, se não fosse a espantosa declaração de amor de uma mulher no outono de 1847... Thoreau, que costuma ser dispensado, pela primeira vez na vida é cortejado. E a interessada, que se chama Sophia Ford, se manifesta sem rodeios. Ela o conhece bem, pois fora governanta da família Emerson por muito tempo e tivera ocasião de conhecê-lo de perto. Não contente em revelar-lhe seus sentimentos, ela também formula o desejo de desposá-lo. Terrivelmente constrangido, Thoreau, que na maioria das vezes se destaca pela falta de tato para com as mulheres, profere uma recusa peremptória. Ninguém converte um celibatário endurecido à vida de casado tão facilmente... Sophia Ford compreende isso e, mortificada, tenta pôr um fim a seus dias.[2] Ela fracassa em sua tentativa desesperada, mas consola-se com as cartas que Thoreau lhe envia. Para ele, o assunto é logo encerrado. Nunca mais falará a respeito.

Planos de outro teor ocupam-lhe a mente. Ele não deve pensar em si ou no estado de seu coração, mas em algo muito maior. Rapidamente dispensadas, suas emoções dão lugar a pesadas sessões de trabalho que resultam na redação de duas conferências fundamentais. O tema central das duas não é tanto o lugar do homem na natureza quanto o do cidadão nos Estados Unidos. Esses textos, que se transformam em intervenções públicas, são de fato o substrato do livro *Resistance to Civil Government* [Resistência ao Governo Civil], obra que postumamente passa a ter o título que conhecemos hoje: *Civil Disobedience* [A desobediência civil]. Publicado em 1849 no primeiro e único número dos *Æsthetic Papers*, editados por membros do *The Dial*, o livro faz uma ampla reflexão sobre a liberdade e o engajamento. Guiado por sua breve porém intensa experiência atrás das grades, Thoreau confirma seu pendor humanista, arriscando inclusive algumas provocações...

Estas aparecem já nas primeiras linhas: "O melhor governo é o que governa menos".[3] Assim tem início seu raciocínio, sem desenvolvimentos prévios e sem reservas aparentes. A palavra libertada se expressa com ousadia e não esconde seu objetivo: levar os homens a refletirem sobre a própria condição. Thoreau é reincidente. Ele mais uma vez enuncia, mas de modo diferente, o que já havia dito com paixão nas páginas de *Walden*: "Mas eu diria a meus semelhantes, de uma vez por todas: enquanto possível, vivam livres e sem se prender".[4] A ausência total de entraves não deve, contudo, ser tomada ao pé da letra, e deve-se evitar ouvir nas entrelinhas uma apologia da anarquia. Seu autor espera, pelo contrário, a formação de um "governo melhor"[5] com muito mais consideração pelos americanos. O alistamento dos homens na espiral da guerra constitui uma das principais queixas formuladas pelo escritor, que lamenta o fato de os indivíduos serem considerados "não como homens propriamente, mas como máquinas, com seus corpos".[6] A conquista do México pelos Estados Unidos, da qual Thoreau se recusara a tomar parte, desperta nele tanta contrariedade quanto as leis escravistas que reduzem a nada "um sexto da população de uma nação que se comprometeu a ser o abrigo da liberdade".[7] Thoreau recusa-se a capitular. Seu texto é um apelo à libertação do indivíduo por ele mesmo. Ele convida todos os homens, portanto, a empreenderem sua própria libertação e viverem o mais perto possível daquilo que eles realmente são. Mas ele tem consciência da inação da grande maioria, e não se priva, portanto, de manifestar ostensivamente sua irritação:

> Eles hesitam, e lamentam, e às vezes suplicam, mas não fazem nada a sério ou que seja eficaz. Esperarão, bem dispostos, que outros remedeiem o mal, para que não precisem mais se lamentar.[8]

Thoreau sofre com essa abdicação. Ele, o rebelde, recusa-se a curvar-se e ser testemunha das ações desse "governo de escravos".[9] Sua consciência de homem ferido constantemente rememora e indica o caminho a seguir, aquele, mais uma vez, que consiste na ação:

> Custa-me menos, em todos os sentidos, incorrer na pena de desobediência ao Estado do que me custaria obedecer-lhe. Neste caso, eu haveria de me sentir diminuído.[10]

Desobedecer ao país, portanto, é obedecer a si mesmo.

Thoreau tem a tenaz vontade de participar do aperfeiçoamento do mundo. Apesar de ter um objetivo ambicioso, ele o concretiza modestamente nos fatos. Paradoxalmente, Thoreau pouco fala sobre a aplicação de seus princípios. Em seus livros ou em seu *Journal*, ele raramente evoca as próprias ações. Mesmo assim, ele faz mais que qualquer cidadão que, cioso em cumprir seu dever nas urnas, pensa contribuir para o progresso de seu país. Votar, para Thoreau, é uma fraca maneira de protestar. É um "jogo"[11] que consiste em "expressar debilmente"[12] o desejo de justiça, pois nunca sabemos de antemão se ele será coroado de êxito. À indolência do voto Thoreau prefere o empreendimento de algumas ações isoladas e o caminho solitário no terreno da contestação, mesmo sob o risco de que algumas de suas proezas pareçam insignificantes aos olhos do colosso americano. Ele quer que sua ação seja simbólica. Os seis dólares da taxa de capitação que ele se recusa a pagar não fazem falta ao tesouro do Estado para a continuação da guerra no México. Thoreau tem consciência de que não pode de modo algum "deter a máquina"[13] diante da amplidão desse projeto. Ele sabe que somente um verdadeiro fenômeno de massa pode alterar profundamente o futuro de seu país e tem consciência de não ter o cacife de um líder. Durante os estudos em Harvard, ele já odiava tudo que se assemelhasse pouco ou muito a fenômenos de massa. E ele não mudou. Ele não é homem de peticionar, de agir sobre a opinião dos homens ou de fomentar uma revolta. Ele age enquanto homem livre e independente para levar a cabo sua "revolução pacífica".[14] E, para devolver à humanidade aquilo que ela perdeu, ele se diz sensatamente disposto a tudo, pois "num governo que aprisiona qualquer pessoa injustamente, o verdadeiro lugar de um homem justo é também a prisão".[15]

Com o passar dos anos, o pensamento de Thoreau se vê enriquecido por uma reflexão política a respeito do lugar do homem na sociedade. O escritor insiste, além disso, na importância de desenvolvermos uma consciência individual antes de agirmos enquanto cidadãos no mundo. Ele parece ter aplicado essa conclusão a si mesmo. A mudança de direção é operada com *A desobediência civil*. Com a publicação desse ensaio, os antigos amigos do *The Dial* oferecem a Thoreau a possibilidade de alçar-se à cena política. Ele tem o mérito de fazer as únicas perguntas capazes de mudar o país, e isso alguns anos antes da Guerra de Secessão:

> Será a democracia, tal como a conhecemos, o último desenvolvimento possível em matéria de governo? Não será possível dar um passo mais além no sentido do reconhecimento e da organização dos direitos do homem?[16]

Sua resposta cabe em poucas palavras: um sonho de Estado mais igualitário e mais justo, que ele gosta de imaginar não como um utopista, mas como um idealista que não perde as esperanças de um dia ver mudanças acontecerem.

O naturalista no trabalho

Thoreau é um otimista. Ele é movido por um impulso permanente que o leva a sempre alargar seus limites. Alguma coisa pode detê-lo? Onde fica a fronteira para além da qual ele não pode mais avançar? Existe uma para ele? É provável que sim, mas ele ainda a procura. Aos 32 anos, sempre mais livre e mais obstinado, Thoreau se propõe um novo desafio. O fracasso comercial da publicação de *Uma semana nos rios Concord e Merrimack*, bem como a morte repentina da irmã mais velha, Helen, levam-no a migrar em busca de melhores auspícios. No mês de outubro de 1849, ao lado de Channing, ele responde ao apelo do mar e parte rumo "ao braço, nu e dobrado, de Massachusetts"[1], chamado Cape Cod. Ali, no sudeste do país, onde o bacalhau é elevado à condição de emblema, as dunas de areia são fustigadas por um vento constante, e o oceano a perder de vista assusta pela onipotência. É por causa dele, acima de tudo, que os dois amigos viajam. Aquela água, "que cobre [...] mais de dois terços do globo"[2], constitui o objeto da excursão que precede duas outras viagens à mesma região – efetuadas por Thoreau em 1850 e em 1855. As três experiências em Cape Cod são reunidas num único e mesmo livro, que passa todo o vigor de uma travessia por regiões selvagens, onde o homem está longe de ser bem-vindo...

Um dos primeiros acontecimentos narrados por Thoreau choca pela violência e mostra a que ponto a natureza que ele descobre pode ser inóspita. Trata-se do naufrágio do *St. John,* um barco que transportava emigrantes irlandeses e foi a pique perto da praia de Cohasset. Ao saírem do trem vindo de Boston e levados pela multidão que se precipita aos primeiros camarotes do palco da morte, Thoreau e Channing observam a contragosto os cadáveres espalhados na areia ou cuspidos pelo mar. Nenhuma piedade os invade. Thoreau, em particular, faz prova de um incrível sangue-frio que poderia parecer uma certa indiferença. Aqueles corpos deformados não o comovem, ele os descreve com a fleuma de um médico legista, tendo em mente a suprema "lei da Natureza"[3] contra a qual nem mesmo o indivíduo mais forte pode resistir. O cabo não perdoa: o ossário à sua frente é prova disso. E quanto mais ele contempla as ondas que quebram na praia, mais ele resiste às rajadas que quase o derrubam, e mais ele sabe que está no bom caminho: aquele que o levará, mais uma vez, a pôr-se à prova e a conhecer-se.

A viagem continua de diligência, sob uma chuva forte que impede os viajantes de aproveitarem a vista. Para passar o tempo, Thoreau e Channing esquadrinham várias obras de referência – especialmente as da coleção da Massachusetts Historical Society – que os fazem aprender mais sobre as cidades pelas quais estão passando. Decididos a explorar esse "país despojado"[4], eles não tardam a abandonar seu meio de transporte para continuar a estrada a pé, com um simples guarda-chuva que não os protege da umidade. Ao longo da baía, eles avistam moinhos de vento que parecem "imensos pássaros feridos"[5], e espantalhos que Thoreau confunde com homens... Mas ele se engana: Channing e ele são os únicos diante daquele mar que "ruge"[6] e que traz a tempestade. Esta se deflagra perto das planícies de Nauset e enche Thoreau de alegria: "Fiquei feliz de estar longe da cidade, lugar onde tendo a me achar desajeitado e desconfortável"[7], ele escreve antes de confessar que "quanto mais a paisagem se tornava lúgubre, melhor se tornava o moral".[8]

O vento não é um obstáculo para a caminhada. Cabeça para frente e costas encurvadas, eles se aproximam da água, que se tornou um líquido negro. Alguns catadores de destroços se agitam nas areias, mas estão longe demais para perturbar seu êxtase. O vento uiva em seus ouvidos e produz uma suave música enfeitiçante. Homero e seu famoso canto das sereias não estão longe. Thoreau se autoriza a escrever algumas frases em grego, em homenagem ao mestre literário. A fim de ter uma melhor visão, os dois viajantes sobem numa duna e um oceano "infatigável e sem limites"[9] se abre a seus pés. Thoreau também é infatigável: ao contrário de Channing, que demonstra alguns sinais de cansaço, ele não sente dor nas pernas. Ele poderia caminhar sem parar, e não cessa de apertar o passo ou curvar-se para juntar grandes moluscos. O vulto distante de uma casa os faz cogitar um descanso. Um velho os recebe: um ostreicultor que vive perto da praia com a mulher e o filho. Os dois amigos ceiam e dormem na casa da família antes de seguir caminho. No dia seguinte, com os primeiros raios de sol, como crianças impacientes para chegar ao parque de diversões, Thoreau e Channing acorrem à praia, essa "calçada oceânica".[10] Conforme o ritmo da caminhada, eles juntam seixos, alguns destroços trazidos pela maré ou velhas garrafas que parecem conter uma história secreta. No alto de uma duna, eles acompanham ao longe os barcos que parecem se aproximar, depois descem a encosta a toda velocidade e sentam-se na areia úmida para observar em detalhe os grãos ou os insetos que a habitam.

O naturalista dentro de Thoreau desperta subitamente. Ele descreve as amófilas, os cardos brancos, as camarinhas negras e o áster dourado, plantas marinhas que crescem na areia e que ele gosta de acariciar ou chamar pelo nome latino. Nesse espaço sem fronteiras, sem cercas ou barreiras, Thoreau encontra uma natureza vigorosa, a mesma de Walden, sempre em movimento: aqui, "a atividade não cessa jamais; tempestade ou calmaria, inverno ou verão, noite e dia, sempre acontece alguma coisa".[11] Ao longe, o farol de Highland Light aparece. Ereta e insubmergível, a torre branca, com seu olho luminoso, permite desfrutar do ininterrupto espetáculo das ondas. Como no mastro de um navio, eles se agarram a ela com medo de serem levados pelas rajadas. Thoreau pensa nos sortudos escandinavos, os primeiros a descobrir Cape Cod. Ele contempla a imensa praia, ouve o silêncio ameaçador e teme que as dunas se transformem num vulgar meio de passagem para os moradores das cidades. Ali, e em mais nenhum outro lugar, é possível colocar "a América inteira atrás de si"[12], e enfim experimentar a serenidade de que a sociedade nos priva. Depois de alguns dias na região, ele precisa renunciar a essa tranquilidade.

De volta a Concord, Thoreau retoma o trabalho de agrimensor, que nunca havia sido abandonado. Os habitantes o conhecem bem e sabem que ninguém na cidade trabalha com tanta seriedade e minúcia quanto ele. Assim, trabalhando ao ar livre, fazendo os próprios horários e achando tempo para suas escapadas solitárias, Thoreau vive dias felizes em sua cidade natal, também porque uma nova casa familiar está quase pronta. Henry David ajuda o pai a renová-la antes de mudar-se no final do verão, instalando-se no terceiro e último andar da construção. Naquele sótão – sua última morada –, ele vive em meio a uma feliz desordem, cercado de cadernos, mapas e recordações de viagem. Sua flauta está sempre ao alcance da mão, perto da cama. Ele gosta de tocar ocasionalmente e carrega-a para toda parte, como seus livros. A leitura dos textos sagrados do hinduísmo ritma seus dias. Obras singulares, que ele já folheava na casa de Emerson ou em Walden, abrem-lhe novas perspectivas. Ele admira a impassibilidade daqueles filósofos que se autorizam a falar de tudo e a fazer uma verdadeira reflexão sobre o homem e sua condição. Seu grande apetite o faz devorar esses livros, e ele logo se vê em falta desse alimento espiritual... Decidido a ampliar seus conhecimentos em matéria de literatura oriental, ele escreve uma carta ao presidente de sua antiga universidade para solicitar acesso à biblioteca da instituição. Seu pedido é autorizado, e ele pisa novamente o solo de Harvard, que deixara havia mais de dez anos não sem certo alívio... Dessa vez, porém, Thoreau é um outro homem. Adquirira certa maturidade e, sem negar suas convicções em relação à instituição universitária – que, segundo ele, não havia permitido que ele acedesse às "raízes"[13] do saber, apenas a seus "galhos"[14] –, reconhece precisar dela. Ele esquadrinha as estantes da biblioteca e descobre livros importantes como o *Mahabharata*, que lhe possibilitam dar seguimento a sua iniciação.

Um acontecimento, porém, o obriga a suspender as atividades de pesquisa ao fim do mês de julho de 1850, pouco antes de voltar a Cape Cod. Ele precisa ir a Nova York. Emerson precisa dele para uma questão um tanto fúnebre: Margaret Fuller, amiga comum e membro do Transcendental Club, acabara de morrer a bordo de um navio que naufragara ao largo de Fire Island. Intelectual de renome, antiga diretora de redação do *The Dial* e instigadora de debates em favor dos direitos da mulher, ela atravessava o Atlântico na companhia do marido e do filho. Vivia na Europa havia vários anos, ocupando o cargo de correspondente do *New York Tribune*. Em suas viagens à França, mas também à Itália, ela tivera oportunidade de conhecer alguns dos maiores artistas da época. Sua morte aflige os amigos do clube, que admiravam sua força de caráter e a pertinência de suas iniciativas. Thoreau é enviado ao local do drama para recuperar os objetos pessoais de Margaret – alguns documentos, uma bolsa e um sapato –, mas infelizmente não pode identificar o corpo da amiga, ainda não encontrado. Com grande tristeza, ele pega a estrada e volta à rotina de casa, decidido a seguir em frente.

Assim que regressa à casa familiar, Thoreau reúne alguns pertences e parte em nova viagem. Rumo ao Canadá. Sempre ao lado do amigo Channing, mas para muito mais longe do que os dois jamais haviam viajado. Munidos de um bilhete de trem de sete dólares que os faz percorrer 510 milhas, eles chegam a Montreal depois de atravessarem florestas inteiras de bordos vermelhos. A região, francesa há vários séculos, permite aos viajantes experimentar um certo exotismo. Thoreau, em especial, volta um pouco às origens, articulando com dificuldade algumas palavras em francês no mercado para comprar maçãs. Mas, apesar de reivindicar seu pertencimento a esse povo, ele continua sendo um perfeito estrangeiro em Montreal, e também no Québec, perto das cataratas de Montmorency ou de Sainte-Anne. Ele não entende aqueles homens que, ao passar por ele, dirigem-lhe um "bom-dia"[15] e levam a mão ao chapéu: "Deve ser um sacramento incômodo ter de tocar o chapéu várias vezes por dia. Um ianque não tem tempo a perder com essas coisas".[16] Mais divertido do que contrariado, Thoreau continua sendo um americano em terras desconhecidas, portanto, um "ianque no Canadá", como ele gosta de dizer. A expressão se torna o título da obra que narra a expedição; o texto precede outro livro igualmente importante...

Trata-se de um herbário, que oculta em suas páginas uma história mais para ser vista do que para ser lida. Com esse álbum nasce o Thoreau botânico, o mesmo que escreve *Autumnal Tints*, *Wild Apples* ou ainda *The Succession of Trees*. Sua obra literária à época, profundamente influenciada pelos escritos do naturalista Alexander von Humboldt, dão a medida de seu fascínio pela flora. Armado de um simples chapéu, ele percorre diariamente os bosques em torno de Concord e recolhe tudo o que atrai seu olhar e suas narinas. A cada página, formas e cores diferentes: *Anemone nemorosa*, *Nymphaea odorata*, *Hypericum perforatum*, *Polygala sanguinea*... Cerca de novecentos espécimes são coletados por suas mãos e cuidadosamente guardados naquele herbário – hoje conservado em Harvard. Essa antologia pessoal é completada pela redação de um novo caderno, o *Commonplace Book*, no qual Thoreau, recentemente nomeado membro da Boston Society of Natural History, recopia passagens importantes de suas leituras. Apesar de agir como um cientista, ele se recusa categoricamente a ser assim chamado. Seu lugar não é dentro de um laboratório, mas na rua, em todo lugar onde se possa caminhar. Somente a "vida das pernas"[17] pode defini-lo. Não importa o que aconteça, ele nunca falta a suas caminhadas. Nada o detém ou desencoraja, nem mesmo a chuva ou a caída da noite. Ereto sobre seus pés, nariz para o alto, cabelos ao vento, ele caminha do mesmo modo que respira, porque isso lhe é vital. Assim preenchidos, seus dias se alternam entre trabalhos de escrita, intervenções de orador e sessões de perambulação quase obrigatórias.

Resta-lhe pouco tempo para relacionamentos. A redação quase simultânea de *Walden*, *A Yankee in Canada* e *Cape Cod* priva-o da companhia de alguns amigos. O início da década de 1850, aliás, marca a cisão da dupla Emerson-Thoreau. Os dois homens, atarefados demais em suas respectivas vidas, se frequentam cada vez menos. Depois da morte de Margaret Fuller, as trocas de correspondência se fazem cada vez mais raras. Por outro lado, Thoreau não aprecia o silêncio do amigo após a publicação de *Uma semana nos rios Concord e Merrimack*, em 1849. Emerson, que o encorajara nessa atividade de escrita, não se manifesta depois que a obra é lançada. Seu mutismo deixa Thoreau abatido e dubitativo. Ainda assim, Henry David gosta de visitar a família do mestre. Cruzar a soleira daquela fazenda que ele conhece tão bem, conversar com Lidian, brincar com as crianças: coisas simples que bastam para alegrá-lo e tranquilizá-lo em relação a seu afeto pelo amigo. Mas alguma coisa muda entre os dois. Em seu *Journal*, Emerson observa a divergência de suas ideias e parece censurar Thoreau por seu caráter "obstinado e implacável"[18], bem como a mania de estar constantemente "na oposição".[19] Thoreau de fato é um radical, especialmente quando escolhe colocar-se de corpo e alma na luta contra a escravidão; um combate há muito tempo gestado enfim toma forma.

A caminhada política

Com a respiração curta, o jovem negro detém-se na esquina para recuperar o fôlego. A respiração faz seu peito arder. Seu coração está quase saindo pela garganta. Ele está encharcado de suor. Seu olhar alucinado lembra o de um animal acuado que acaba de ouvir o grito do caçador. Um medo atroz se apodera de seu corpo. Ele não sente nem as pernas nem os braços. Para salvar-se, porém, sabe que precisa se acalmar. Seus olhos esquadrinham os arredores, em busca de qualquer movimento suspeito, perscrutando a agitação das animadas ruas de Boston. Nada no horizonte. No intervalo de um segundo, um filete de esperança o invade. Ele volta a correr, consciente de talvez estar vivendo seu último momento de liberdade. Seus músculos tensos parecem a todo momento querer ceder. Extenuado, ele se detém novamente. Com os olhos cravados no chão, o corpo dobrado em dois, ele tenta pela última vez recuperar o fôlego. Uma explosão de passos precipitados batendo o calçamento ecoa subitamente atrás dele. Um grito se propaga. A multidão murmura e se afasta para deixar passar um bando de policiais. Um deles pula sobre o fugitivo e o agarra. É o fim.

Thomas Sims, jovem escravo fugido, é preso em 4 de abril de 1851. Ele é julgado na mesma hora pelo tribunal de Boston. Um importante cortejo de militares cerca o prédio, cujas portas são fechadas por pesadas correntes, a fim de evitar alguma irrupção durante o processo. A sentença não tarda: Thomas Sims deve ser devolvido a James Potter, rico fazendeiro que reivindica sua propriedade. Alguns dias depois, em 11 de abril, o jovem é conduzido sob escolta ao porto de Boston.

Teme-se que manifestantes impeçam seu embarque no navio que deve devolvê-lo ao dono. A atmosfera é pesada. É a segunda vez em poucos meses que uma prisão como essa acontece em Massachusetts. Uma multidão de abolicionistas se reúne no cais. Muitos denunciam o escândalo e exigem a anulação da expulsão. Trezentos policiais e militares conseguem, porém, conter a cólera dos opositores e fazer Thomas Sims subir a bordo do navio. Este finalmente zarpa rumo a Savannah, na Geórgia, Estado de onde ele provém. Assim que chega, Sims é preso. Ele mofa por certo tempo na cadeia, onde é espancado até quase a morte antes de ser revendido pelo proprietário a um novo dono no Mississippi.

O processo de Thomas Sims constitui um dos primeiros momentos importantes da história da luta contra a escravidão na América. No entanto, não teria havido um "caso Thomas Sims" se o Congresso americano não tivesse votado a Fugitive Slave Law no mês de setembro de 1850. A lei autorizava os proprietários de escravos do Sul a perseguirem os fugitivos até o Norte dos Estados Unidos. Ela visava pôr um fim à rede clandestina que se formara e que permitia a certos negros audaciosos recuperarem a liberdade chegando ao norte dos Estados Unidos ou ao Canadá. Alguns americanos, com frequência abolicionistas, sustentavam essa rede e abrigavam ou conduziam os escravos a cavalo. A lei quis pôr um fim ao desenvolvimento dessas redes paralelas de emigração. Com ela, toda pessoa que participasse das manobras seria passível de multa, ou prisão. Ao votar essas medidas, os sulistas alcançam seus objetivos. Eles rompem o frágil acordo que até então reinava entre os estados escravistas do Sul e os estados livres do Norte.

Em Massachusetts, onde a escravidão fora abolida em 1783, a Fugitive Slave Law foi vista como um retrocesso. O caso Thomas Sims, por sua vez, é vivido como uma provocação. Os jornais se apropriam do caso e aproveitam para enfatizar a injustiça das ações governamentais e denunciar a ingerência dos estados do Sul na política dos estados do Norte. Os pais, irmãs e tias de Thoreau, militantes de longa data na Concord Female Anti-Slavery Society a favor da abolição da escravidão em todo o território norte-americano, seguem de perto as notícias. Eles se sentem implicados na agitação. Além das reuniões com amigos que partilham das mesmas convicções, o lar acolhe regularmente escravos em fuga. Os Thoreau ajudam os fugitivos a se esconderem ou a encontrarem soluções de hospedagem emergencial. Em Walden, Henry David várias vezes ajudara fugitivos em busca de liberdade, dividindo com eles, por algumas horas ou dias, o silêncio de sua cabana. O caso de Thomas Sims acentua seu engajamento a favor da causa abolicionista. As páginas de seu *Journal* são prova disso. A raiva do escritor é terrível. Ele é severo com essa sombra que reduz a cinzas a liberdade dos cidadãos, e busca ações concretas.

A lei não assusta a família Thoreau, que não pretende renunciar a suas atividades. Em 30 de setembro de 1851, ao cair da noite, um escravo chamado Henry Williams bate à porta. Ele acaba de percorrer a pé a distância de Boston até Concord, escapando dos homens no seu encalço. Faz um ano que fugiu de sua Virginia natal e encontrou refúgio na capital de Massachusetts com a secreta esperança de ali viver e estabelecer-se. Isso antes de saber do mandado de busca lançado por seu senhor. Os Thoreau reservam-lhe uma acolhida calorosa. Oferecem-lhe abrigo e cama por vários dias e tentam coletar dinheiro suficiente para pagar sua passagem de trem. É o próprio Henry David quem vai à estação para comprá-la. Assim que chega ao local, surpreende um homem à espreita, pronto para prender o fugitivo. Sua única escolha é dar meia-volta com toda discrição. Ao tentar a sorte alguns dias depois, ele felizmente consegue a passagem e faz Henry Williams subir a bordo do vagão de um trem para o Canadá.

Os anos passam, mas o clima político não se ameniza. Cada nova prisão de escravo incita a desforra popular. Três anos depois do caso Thomas Sims, o mesmo enredo se repete nas ruas de Boston. Anthony Burns, que conseguira fugir da Virginia, é capturado e preso à espera de um julgamento. Este acontece no dia 24 de maio de 1854, com o Congresso americano prestes a votar o Ato de Kansas-Nebraska. Esta lei estipulava que os colonos do Kansas e do Nebraska podiam introduzir a prática da escravidão em seus territórios, em nome da soberania popular. O texto, votado em 30 de maio de 1854, rompe a linha de demarcação entre o Norte e o Sul, fixada pelo Compromisso do Missouri em 1820. A geografia política dos Estados Unidos é redefinida, portanto. Nesse contexto, a prisão de Anthony Burns, alguns dias antes da aprovação da nova lei, agrava o conflito. Dois líderes abolicionistas originários de Boston, Wendell Philips e Theodore Parker, organizam uma passeata. Uma multidão impetuosa cerca o tribunal de justiça, contestando a decisão dos magistrados. Mas a sentença é inapelável. Cinquenta mil pessoas se dirigem ao porto de Boston para tentar impedir a partida do prisioneiro. Ele acaba sendo vendido por seu proprietário a um abolicionista, que o liberta.

Thoreau assiste, furioso, ao acúmulo de leis retrógradas e ao aumento das perseguições aos escravos. Sua indignação é tal que ele multiplica as ocasiões de ajudar fugitivos ou de militar a favor do abolicionismo. Ele passa a ser considerado um ativista e assume publicamente seu engajamento político. Em 4 de julho de 1854, ele deixa Concord para ir a Framingham, cidade localizada a vinte quilômetros de sua casa. Fora convidado a participar de uma reunião da Massachusetts Anti-Slavery Society naquele dia de comemoração da independência dos Estados Unidos. Grandes oradores – filósofos, pensadores, escravos libertos – tomam a palavra diante de uma plateia de militantes. Cerca de seiscentas pessoas participam do grande piquenique organizado para a ocasião. Thoreau raras vezes foi ouvido por tanta gente, e o texto que ele lê naquele dia é um dos mais distribuídos entre os presentes. Ele conquista certa celebridade, portanto, logo antes da publicação de *Walden*, que será um sucesso de público.

Dois anos antes, o discurso de Frederick Douglass causara impacto em Rochester. O antigo escravo, que fugira das plantações sulinas aos vinte anos, dirigira-se, como um perfeito autodidata, a uma audiência considerável. Ele viera "afirmar a igual humanidade da raça negra"[1] e acordar os americanos no dia seguinte ao 76º aniversário da Independência:

> Esse 4 de julho é de vocês, não meu. Somente vocês podem se alegrar, enquanto eu, de minha parte, devo chorar. Arrastar um homem acorrentado até o grande templo iluminado da liberdade e pedir-lhe para entoar com vocês hinos alegres seria uma farsa desumana tanto quanto uma ironia sacrílega. O objetivo de vocês, cidadãos, é zombar de mim ao pedir-me para falar sobre esse dia?[2]

Assim como o discurso de Frederick Douglass, o de Henry David Thoreau marcou época. A história recente impõe a urgência de uma reação diante da questão da manutenção da escravidão na América.

Nesse dia, Thoreau sobe solenemente no pequeno estrado de Framingham. Ele tem em mãos o discurso que escreveu febrilmente nos últimos dias. O texto é uma coletânea de reflexões raivosas de seu *Journal* sobre o caso Anthony Burns. O silêncio se faz, e a voz clara de Thoreau começa a ler as primeiras linhas do texto. Ele ataca o governador de Massachusetts, um "inútil"[3] cujos feitos e gestos levam a crer que ele está longe de ser um partidário do abolicionismo:

> O que me importa saber é que a influência daquele homem e daquela autoridade favoreceram o interesse do dono do escravo, e não do escravo – do culpado, e não do inocente – da injustiça, e não da justiça.[4]

Thoreau também ataca a autoridade do tribunal representado por suas leis e zomba do governo que "deliberadamente prescreve a injustiça, e insiste nela, acabará até por se transformar no objeto do ridículo de todo o mundo".[5] A cólera de Thoreau é liberada numa explosão salvadora diante de uma audiência cativada. Ele emenda lembrando que "a lei nunca fará os homens livres"[6] e que estes são responsáveis pela manutenção da liberdade, mesmo que precisem desprezar a ordem estabelecida pelos tribunais. A imprensa não escapa a seus ataques. Ele a acusa de espalhar mentiras sobre mentiras e de impedir os indivíduos de pensar por si mesmos. A vontade de queimar essa "terra escura"[7] e de "explodir"[8] tudo oprime seu espírito. Os últimos parágrafos têm o tom de uma confissão de uma pessoa ferida que não tem mais gosto por caminhadas, ocupada demais que está com "reflexões são ameaças terríveis contra o Estado".[9] Mas o filósofo se esforça para continuar um pacifista;

> Permito-me lembrar meus compatriotas de que em primeiro lugar eles devem ser homens.[10]

Sua obstinação o força a não ceder às sereias do desespero e a encontrar em todas as coisas um signo de renovação. Assim, o perfume de um lírio branco, aspirado durante uma enésima caminhada pelas margens de um brejo, surpreende-o e sugere que nada é irreversível, tanto na natureza quanto no homem. É preciso ousar acreditar no retorno da primavera.

Um passo depois do outro

A caminhada política de Thoreau provavelmente nunca teria adquirido tamanha envergadura sem o movimento interno que sempre animou o escritor desde a mais tenra infância. Esse ardor secreto, essa petulância íntima tem sua fonte num local específico: embaixo de suas pernas, na sola de seus pés... Nele, a marcha do espírito é inseparável da marcha do corpo e do exercício ininterrupto do ato de caminhar, que ele não hesita em elevar ao grau de "arte"[1] na primavera de 1851. Os anos que se seguem à temporada em Walden abrem de fato o caminho para uma intensa reflexão sobre o flanar, que constituirá o tema recorrente de todas as suas intervenções orais até 1860. Uma palavra volta constantemente a seus lábios: "caminhar" ritma suas frases e seus dias, como uma divisa. Por trás do verbo se delineia uma ocupação gratuita, mas também uma necessidade vital a que Thoreau nunca deixa de se referir em seus escritos anteriores. Doravante, ele faz o voto de que cada homem possa experimentar essa aventura com ares de "cruzada".[2] Mas ele previne sua audiência: "*Ambulator nascitur, non fit*" ("nascemos caminhantes, não nos tornamos caminhantes").[3] Thoreau faz desse preceito a pedra angular da conferência inicialmente intitulada "A vida selvagem", que ele lê no Concord Lyceum em 23 de abril de 1851. O mesmo texto é pouco depois intitulado "Caminhando" [*Walking*]. Nele, Thoreau espalha a palavra pela costa leste dos Estados Unidos – Massachusetts, Nova Jersey, Pensilvânia – e escreve uma versão definitiva que será publicada depois de sua morte, em 1862.

O livro é uma profissão de fé, uma espécie de testamento literário no qual Thoreau se diz "a favor da Natureza, a favor da mais absoluta liberdade e do estado mais absolutamente selvagem".[4] O escritor, que nunca conseguiu ficar parado e que caminha no mínimo "quatro horas por dia"[5], interroga-se sobre as pessoas que ficam de "pernas cruzadas"[6] em suas lojas. Ele também se preocupa – fato rato – com o destino das mulheres, que são obrigadas a ficar em casa e cuidar da casa, sem possibilidade real de deslocamento. Ele precisa se movimentar, não para manter o corpo, mas para arejar a mente e ver o mundo com outros olhos. Essa é a condição para seu "bom estado do espírito".[7] Já em *A Winter Walk*, Thoreau fala dos homens que "abrem a porta ao silêncio"[8] e dão "alguns passos na rua para enfrentar o ar fustigante"[9], mergulhando na natureza como se afundassem na água, levados por um impulso que nada pode deter. A caminhada é apresentada como esse impulso vivificante que desperta o "fogo subterrâneo"[10] de cada indivíduo. O corpo, subitamente, desenferruja. Com uma respiração viva, os joelhos se dobram, a planta dos pés toca lentamente o solo, as mãos balançam naturalmente ao longo do corpo. Libertado de tudo – das relações e das obrigações, das preocupações com o dinheiro e da ambição –, ele caminha em busca do "magnetismo sutil"[11] da natureza. Ele nem sempre sabe para onde está indo, para onde seus pés vão levá-lo, nem mesmo para onde tem vontade de ir. Caminhar é perder-se, é uma descoberta constante que deve ser realizada na contracorrente dos caminhos usuais:

> Para mim a esperança e o futuro não estão nos belos gramados e nos campos cultivados, nem nas vilas e cidades, mas nos pântanos impenetráveis e perigosos.[12]

No entanto, Thoreau confessa que a "agulha"[13] de sua bússola interior com frequência se volta para a direção sudoeste, um caminho que ele conhece bem porque o frequentou muitas vezes, mas que a cada vez ele parece redescobrir. Ele pode assim contemplar o crepúsculo, sentado numa rocha ou no topo de uma árvore, pois gosta de subir em árvores.

E a caminhada prossegue em setembro de 1853, por ocasião de uma nova excursão às florestas do Maine com o primo George Thatcher. Dessa vez, os dois companheiros chamam um guia índio que, ao contrário de Louis Neptune, não os deixa na mão: ele se chama Joseph Aitteon, tem uns vinte anos e vai conduzir os viajantes no encalço da cultura ameríndia, na direção do lago Chesuncook. Thoreau se alegra; seu interesse pela história desses povos só aumentou nos últimos anos. A viagem, que é feita seguindo os cursos d'água, permite-lhe justamente conversar muito com Joseph: este o inicia nos costumes e nas artes de sua comunidade. Thoreau, que já iniciou a redação do *Indian Notebook*, presta muita atenção ao relato de seu ajudante, e pensa em escrever uma obra que diga toda a verdade sobre esse povo desprezado pelos norte-americanos. É nesse momento que toma forma em sua mente uma meditação sobre os meios de preservar as terras e os lagos de seu país. Em pleno coração das florestas do Maine, Thoreau se preocupa com o futuro da "Mãe"[14] Natureza e antecipa a proteção regulamentada das terras de seu país:

> Por que nós que repudiamos a autoridade real não teríamos nossas reservas nacionais nos locais onde não há necessidade de destruir aldeias, onde ainda existem o urso, a pantera e quem sabe até alguns representantes da raça caçadora [...]?[15]

Essa é uma pergunta a que os Estados Unidos logo procuraram responder, criando, sob o incentivo do presidente Lincoln, o primeiro parque natural em 1864, dois anos depois da morte de Thoreau. Hoje, existem várias dezenas no mundo todo.

Sempre à frente de seu tempo, Thoreau continua com paixão e meticulosidade seu estudo da natureza. O registro das temperaturas, a eclosão das flores, a medida do diâmetro das árvores ou a observação da construção de um ninho de pássaro o acompanham na escrita laboriosa de *Walden ou A vida nos bosques*, que ocupa a maior parte de seus dias. A oitava versão do texto será publicada na primavera de 1854. Com o passar dos anos, o projeto foi aprimorado: o livro, que deveria ser a simples tradução de uma experiência, assume uma verdadeira dimensão social e política. Thoreau primeiro publica alguns excertos, no mês de março, no *New York Daily Tribune*, depois, em 9 de agosto, envia o manuscrito a seus editores de Boston. Com uma tiragem de 2 mil exemplares, a segunda obra do filósofo é saudada na imprensa pela originalidade e pela qualidade do texto. Nem sinal do fracasso retumbante de *Uma semana nos rios Concord e Merrimack*: *Walden* desperta o interesse de muitos leitores, curiosos em saber o que o homem dos bosques viveu. Muito solicitado, este último efetua vários deslocamentos e continua fazendo leituras de sua conferência "A vida selvagem", aproveitando o súbito reconhecimento para colocar seus trabalhos em evidência.

É nessa época que ele escreve um texto fundamental intitulado *Life Without Principle* [A vida sem princípio], que surge como um condensado de suas ideias filosóficas. Originalmente, Thoreau havia escolhido para essa futura conferência – uma das que mais proferiu, ao lado de *Walking* – o título de "*What Shall it Profit*", que enfatizava com ironia o aspecto subversivo do texto. O trabalho e o dinheiro são de fato os dois alvos do pensador que, aqui, resume o motivo de seu combate há tantos anos. Sua caminhada contra aquilo que entrava a liberdade do homem não acabou. Sua vontade de despertar as consciências e de levar seus semelhantes a se colocarem em questão, tampouco. As frases de seu discurso, portanto, não poupam o conforto de um cotidiano considerado sinistro, que é vivido como esgotamento no trabalho e no acúmulo de dinheiro em detrimento do bem-estar e da autoestima:

> As maneiras pelas quais se sustenta a maioria dos homens, isto é, a sua vida, nada mais são do que expedientes circunstanciais, uma fuga do verdadeiro sentido da vida.[16]

Por que o trabalho, em vez de ser uma necessidade, não poderia ser um prazer? Por que não nos libertamos dessas atividades embrutecedoras e da "tirania econômica"?[17] Por que não se afastar do chamariz do ganho para "contemplar todo dia o nascer e o pôr do sol"[18], um ato simples que é "tudo que precisaríamos para nos manter eternamente sãos"?[19] De que serve essa corrida para o lucro, que recentemente se materializou na conquista do oeste norte-americano? Thoreau não compreende a atração do homem pelo ouro, nem o que os leva a partir em busca desse metal, na Califórnia ou na Austrália:

> Sei que é um metal muito maleável, mas a sabedoria é ainda mais maleável. Um grão de ouro dourará uma superfície bem grande, mas um grão de sabedoria cobre muito mais.[20]

A essa cavalgada coletiva que perfura o solo de seu país, ele opõe, mais uma vez, um voltar-se para si mesmo. Ele se pergunta, enquanto os vizinhos sujam as mãos na lama:

> Por que eu não deveria fincar uma sonda para descobrir ouro dentro de mim, para então trabalhar nessa minha?[21]

O que é evidenciado por meio dessas palavras é, ainda e sempre, o livre arbítrio e a independência mental. Ali se encontra a verdade "vida sem princípio": longe das ideias que nos são impostas, essas "teias de aranha"[22] que bloqueiam o desabrochar de nossa reflexão do mesmo modo que obstruiriam a visão atrás de uma janela. "Limpem suas vidraças"[23], ele diz aos que se contentam com um pensamento pronto, ditado, entre outros, pela efervescência insalubre da cidade e pelos jornais que regem a política. A mente é um templo aos olhos de Thoreau, um espaço sagrado que deve ser preservado do fluxo de informações e do constante disparate veiculado pelos jornalistas:

> Devíamos tratar nossos espíritos – ou seja, nós mesmos – como crianças inocentes e ingênuas sob nossa guarda, e selecionar com cuidado os objetos e assuntos colocados à sua atenção.[24]

O jogo de palavras final repudia com violência a imprensa e zomba um dos maiores jornais da época – cuja reputação, aliás, não enfraqueceu até os dias de hoje:

> Não leiamos *The Times*. Leiamos as Eternidades.[25]

Afastando a calúnia com um simples gesto, Thoreau, sem grandes surpresas, toma o partido da literatura, que sempre lhe foi doce e fiel. Com seus livros, assim como junto à natureza, ele sempre pode escapar do mundo e preservar seus sonhos. Uma fortaleza que nada nem ninguém jamais consegue abalar.

A energia do conquistador

Olhos arregalados. Cabeleira escura, cerrada e indisciplinada. A barba, apenas no pescoço, parece presa ao colarinho alto de uma camisa. Ele usa uma gravata borboleta para a ocasião: uma afetação que enfatiza a importância da ocasião. É o dia 13 de junho de 1856 e, pela primeira vez na vida, Henry David Thoreau se faz fotografar. Seu rosto já havia sido esboçado a lápis por um amigo. Mas nada comparável a esse daguerreótipo – seu retrato mais conhecido –, realizado durante uma estada em Worcester, por um certo Benjamin D. Maxham. Tendo viajado para visitar alguns amigos, o escritor decide, após algumas hesitações, ser fotografado. Ele não sorri, mas parece sereno, quase triunfante. A doença – uma tuberculose contraída há mais de um ano – ainda não prejudicou o vigor de sua postura. Percebem-se apenas alguns sinais de fadiga no olhar – aquela, muito natural, do observador que está sempre perscrutando o mundo, e aquela, é claro, do autor que passa os dias preenchendo páginas em branco. Seu *Journal* o ocupa muito, de fato, e se adensa com regularidade. Com o passar dos anos, torna-se seu secreto e fiel companheiro, um objeto do qual ele não pode ficar muito tempo afastado e que precisa ser folheado ao menos uma vez por dia. O tempo passado consigo mesmo lhe é essencial. No intervalo entre suas breves mas não menos múltiplas viagens e atividades profissionais, Thoreau encontra em seus cadernos uma quietude e uma estabilidade inabaláveis.

Esse é sem dúvida um dos raros objetos pessoais que ele leva consigo quando vai, em outubro, para Eagleswood, Nova Jersey. Ali, uma comunidade utópica, que se diz seguidora do filósofo francês Charles Fourier, convida Thoreau para realizar trabalhos de agrimensura. O tamanho da tarefa o leva a permanecer no local quase um mês: um afastamento que ele não suporta bem, principalmente porque nunca se sente muito à vontade junto a essas sociedades marginais. Para passar o tempo, ele escreve e profere algumas conferências a quem quiser ouvi-lo. O desenvolvimento intelectual não está na ordem do dia. Ele precisa esperar o início de novembro, quando vai ao encontro do fiel amigo Alcott, que mora em Nova York, para restabelecer os laços com seus temas de predileção. Por intermédio de seu anfitrião, Thoreau conhece um escritor que, como ele, aprecia a solidão e coloca Homero entre os grandes da literatura. Seu nome é Walt Whitman. Além de impressor e jornalista, este é acima de tudo um poeta conhecido pela coletânea *Folhas de relva*, obra que se inscreve na linhagem direta do pensamento transcendentalista. Entre o amor pela natureza e o lugar concedido à vida espiritual, tudo parece feito para que o encontro seja um sucesso, além de Thoreau já ser um leitor do poeta. Mas é preciso contar com a timidez de Whitman, que abrevia o encontro, ainda que tomando o cuidado de oferecer um exemplar de seu livro ao convidado. Thoreau vai embora, perplexo. Mas não deixa de guardar com cuidado *Folhas de relva* junto às outras obras de sua biblioteca. Nessa coletânea que celebra o homem e seus sentidos, não resta dúvida de que o naturalista de Concord, assim como Emerson, que elogia o volume, encontra algo com que alimentar suas reflexões sobre a vida. Whitman, por sua vez, é hoje saudado como um dos maiores poetas norte-americanos.

De volta para casa, Thoreau decide fixar-se por certo tempo e recuperar as energias. Os deslocamentos o tiraram por tempo demais da cidade natal, afastando-o da necessária tranquilidade e, acima de tudo, da fábrica de lápis da família, que passa por dificuldades financeiras. Ele logo retoma os antigos hábitos: moradia na casa dos pais, refeições na casa de Emerson. No entanto, apesar de esforçar-se, ele não consegue ficar no lugar. Seus pés, inquietos, não conseguem descansar. Em sua mente, projetos se amontoam. Beirando os quarenta anos, e apesar da saúde declinante, Thoreau ainda não estancara a sede de novos horizontes e movimento. Às vésperas do verão de 1857, ele pega a estrada sozinho para Highland Light, dando início à quarta excursão a Cape Cod. A região se tornara seu refúgio. Cada nova expedição para essas terras de areia e vento purgava o espírito do admirável caminhante. Mas outra viagem já lhe ocupa a mente. Assim que volta da costa, numa impressionante corrida contra o relógio, ele escreve ao primo George Thatcher propondo-lhe uma partida imediata para os lagos de Allegash. A urgência do pedido obriga Thatcher a declinar do convite, que então é feito a Edward Hoar. Três homens pegam a estrada em 20 de julho de 1857: o amigo Edward, que já havia penetrado nas florestas do Maine com Henry David; o próprio Thoreau, que faz provisões para quinze dias; e Joseph Polis, o guia indígena cujo carisma e história pessoal serão objeto de uma futura conferência. O ímpeto da pluma não tarda a suceder à efervescência das pernas. Cada périplo tem seu relato, o de Allegash não foge à regra. Centrado na figura de "Joe", o guia indígena, Thoreau escreve um texto que é enviado à *Atlantic Monthly*. A revista, como muitas outras, solicita-o constantemente desde o sucesso de público e crítica de *Walden*. Por falta de tempo, ele finalmente envia um outro manuscrito para publicação, sobre a excursão anterior para Chesuncook.

Depois de honrar essas encomendas, Thoreau deseja reconciliar-se com o que lhe é habitual e com o detalhe, com aquilo que ele mais conhece. As árvores e suas folhagens se tornam as heroínas de outro relato, muito poético, intitulado *Autumnal Tints*, e ele retoma a preparação do herbário já iniciado. Com esse ensaio, que ele escreve tendo em mente as obras do crítico de arte inglês John Ruskin, Thoreau parece voltar à primeira paixão: a observação incansável e metódica da natureza. A variedade das gramíneas, a cor das folhas do bordo ou do carvalho, que, "tingidas"[1] ou "matizadas"[2], maturam delicadamente sob o efeito do sol de outubro, mas também o fabuloso envelhecimento da fitolaca ou a majestade do olmo: o escritor destaca, ainda e sempre, a importância do olhar na origem de qualquer emoção. Para ele, a alegria íntima de cada indivíduo depende de sua abertura ao mundo, de sua vontade de abarcá-lo por inteiro com os sentidos. Ele sabe que alguns homens, qual "cupidos ceifadores"[3] ou jardineiros, não contemplam a natureza como ele. Ele não quer podar a sebe ou cortar a grama, mas interessar-se pelos rejeitos, pelas plantas geralmente ignoradas, pisoteadas ou arrancadas: "A beleza e a verdadeira riqueza são sempre assim: baratas e desprezadas".[4] O que mais o cativa é o vermelho, "a cor das cores"[5], que ele encontra na ponta de uma gramínea ou no sumo de uma baga esmagada entre os dedos.[6] O suco das frutas escorre por suas mãos do mesmo modo que a seiva do carvalho invade sua garganta.[7] Thoreau, que experimenta esse precioso "vinho"[8] com a ajuda de uma faca, alimenta-se mais do que nunca daquilo que a natureza lhe oferece. Ele alcança, assim, a própria essência das coisas, e não perde a ocasião de aprender mais do que já sabe. Integralmente redigido antes do verão, o texto é corrigido após uma breve escapada para as White Mountains, que lhe permite reviver sensações caras a seu coração: a suavidade das ondas do Merrimack ou o ar puro do monte Washington – locais que ele conhece bem. As viagens improvisadas, a pressa em partir, tudo faz sentido: Thoreau percorre esses caminhos porque lhe trazem boas lembranças e o levam o mais perto possível da vida.

Limites

O outono dá lugar ao inverno. As árvores perdem todas as folhas, a neve cobre o solo, e os lagos dos arredores congelam. Thoreau sempre gostou de visitá-los para patinar. O gelo fica espesso nessa estação e permite manter-se de pé sobre a água, como que por magia. Nesse início de 1859, porém, o cansaço o impede de retomar os velhos hábitos. Os médicos o visitam com frequência, auscultam-no e aconselham moderação. Somente um verdadeiro repouso poderá vencer a tosse que continua a piorar. Thoreau aquiesce, mas, no fundo, já pensa na próxima caminhada pelos bosques. Mas vê-se obrigado a ficar em casa para cuidar do pai que, passados os setenta anos, começa a enfraquecer. John Thoreau morre no início do mês de fevereiro, cercado pela mulher e pelos filhos, deixando a imagem de um homem justo e afetuoso. Na noite de sua morte, Henry David, em geral pouco loquaz a respeito do patriarca, dedica-lhe algumas páginas de seu *Journal* e escreve uma comovente homenagem. Ele, agora, é o homem da casa, e deve cuidar da família. Assim, para prover as necessidades da mãe e da irmã Sophia, ele trabalha incansavelmente, abandonando as viagens e os trabalhos literários para concentrar-se em atividades mais manuais e lucrativas. Os trabalhos de agrimensura se multiplicam, e os dias passados na fábrica de lápis também se fazem mais numerosos.

Mas o cotidiano pacato e aplicado de Thoreau é logo abalado por um assunto preocupante, que o leva a negligenciar o trabalho. Uma notícia inesperada chega até ele no final do mês de outubro de 1859: John Brown, um abolicionista de primeira hora, instigara uma revolta em Harper's Ferry, pequeno vilarejo da Virginia. Com a ajuda de duas dezenas de homens, ele tomara de assalto o estoque de armas do condado a fim de conseguir o equipamento necessário para levar a cabo seu plano. Em poucos minutos, as tropas de Brown haviam entrado no local. Os homens tinham se servido generosamente de fuzis e pistolas, tomando o cuidado de cortar todos os cabos telegráficos para impedir que a guarda do estado fosse avisada. Tinham tido, portanto, o campo livre por algumas horas. Brown ordenara a suas tropas que avisassem todos os escravos das redondezas que a revolução começara. Contava com eles para o levante, proporcionando-lhes uma chance de se libertarem do jugo dos escravistas. Sem eles, sabia que sua tentativa seria inútil. Para fazer frente aos guardas de Washington, a revolta precisava começar, e logo.

Infelizmente, a aventura chegara a um fim súbito. Alguns homens de Brown que interceptavam um trem da Baltimore and Ohio Railroad haviam matado na confusão um carregador de bagagens, um negro livre, e no fim acabaram deixando todos partirem. Chegando a Baltimore, o maquinista avisara às autoridades por telegrama que o arsenal federal de Harper's Ferry estava nas mãos de um grupo que queria libertar os escravos do condado a qualquer preço. Washington decidira enviar tropas imediatamente. Ao mesmo tempo, Brown fracassara na tentativa de granjear parceiros a seu plano. Os escravos das fazendas vizinhas se recusaram a unir-se a seu sonho de liberdade. Os imprevistos o fizeram perder a vantagem, e as autoridades e os proprietários de escravos aproveitaram para organizar uma defesa. Haviam conseguido, assim, cercar a cidade e privar John Brown e seus homens de qualquer possibilidade de fuga. Um dos filhos de Brown fora morto no pânico resultante, enquanto o resto do comando encontrara refúgio num prédio nas proximidades do arsenal. Tarde demais: após algumas horas, as tropas enviadas por Washington cercaram o edifício. Brown e seus homens foram encurralados. Receberam ordem de se render, mas se recusaram a entregar as armas. Brown estava disposto a morrer pela causa. Teria a prisão. Após algumas trocas de tiros, a guarda do estado os fez prisioneiros, três dias depois do início da revolta, lamentavelmente sepultada.

A notícia dessa aventura, que se desenrolara alguns dias antes, entre 16 e 18 de outubro, demora a chegar a Concord. A história cai como uma bomba na cidade, pois John Brown era bem conhecido. Ele havia sido convidado várias vezes a relatar suas lutas a favor da abolição diante de uma audiência de militantes, no centro de conferências de Concord. Thoreau, que o conhecera um pouco antes, em Boston, apoiava com ardor os combates desse audacioso adversário da escravidão. Ele tivera ocasião, aliás, de falar-lhe de sua admiração poucos dias antes de John Brown se lançar à expedição de Harper's Ferry. Os primeiros artigos na imprensa anunciam levianamente sua morte, que não ocorrera. Em toda parte os jornais e os cidadãos parecem aceitar o destino reservado ao chefe do grupo. Demência, loucura e absurdo aparecem em todas as bocas para explicar o fiasco. Thoreau, porém, não pensa assim. Ele devora o que a imprensa diz sobre o assunto e se sobressalta com a leitura de jornais como o *Liberator*, que mencionam "uma tentativa cega, louca, o feito de um alienado".[1] Ele fica extremamente furioso com a ideia de que ninguém apoie esse "homem de ideias e princípios [...] que realiza o projeto de toda uma vida".[2]

Quando os jornais enfim declaram que John Brown não está morto e aguarda seu julgamento, Thoreau decide agir e fazer alguma coisa por ele, apesar de saber que provavelmente será condenado. Ele quer acima de tudo calar os julgamentos falaciosos de seus concidadãos, que o deixam fora de si. Para homenagear John Brown, ele escreve o dia todo e dorme à noite com "um pedaço de papel e um lápis embaixo do travesseiro"[3] a fim de escrever mesmo no escuro. Um arrazoado a favor do agitador é o resultado de suas noites em claro. Em sua defesa, Thoreau silencia sobre toda a violência de que seu herói fizera uso em Harper's Ferry. Ele tampouco menciona o massacre de Pottowatomie Creek, onde John Brown assassinara cinco proprietários de terra adeptos da escravidão, três anos antes. Thoreau prefere guardar a seu respeito a imagem de um amigo, de um "transcendentalista".[4] Assim, cegamente toma seu partido e se dedica inclusive a um exercício a que não está acostumado, justificando o uso da violência no quadro de "uma guerra pela liberdade"[5]: "Não tenho nenhum desejo de matar e ser morto, mas posso prever casos em que um e outro seriam inevitáveis".[6] Para Thoreau, "a questão dos negros"[7] era uma "causa legítima"[8] que às vezes necessitava do manejo de fuzis e outras armas.

Em 27 de outubro de 1859, tem início o processo de John Brown e de seus homens, acusados de assassinato, conspiração e traição ao estado da Virgínia. Alguns dias depois, Thoreau escolhe ler seu texto "Plead for Captain John Brown", num momento em que todos se opõem a ele em Concord. Ele assume o encargo de defender sua causa, correndo o risco de ver todos virarem-lhe as costas. Mas ele é considerado um excêntrico na cidade. E continua a agir, contata os jornais com a esperança de publicar sua defesa e quem sabe influenciar o julgamento, esperado a qualquer momento. O veredicto é pronunciado em 2 de novembro, condenando os membros do grupo à forca. Brown, que queria morrer como um mártir, é atendido, para grande desespero de Thoreau, que não perde o senso da ironia:

> Sem dúvida eram os melhores homens que se poderia escolher para enforcar. Este foi o maior elogio que esse país poderia fazer-lhes. Eles estavam maduros para suas forcas. Por muito tempo procurou-se, enforcou-se um grande número, mas até então o homem certo nunca havia sido encontrado.[9]

Aos 59 anos de idade, John Brown se vê obrigado a pôr fim à luta de uma vida inteira. Ele é conduzido ao cadafalso em 2 de dezembro, em Charles Town, sem que nada nem ninguém possa fazer alguma coisa para evitar, apesar das notícias sobre o caso irem além das fronteiras americanas. No dia do enforcamento, Victor Hugo, fervoroso oponente da pena de morte, fica indignado com o destino de Brown e escreve uma carta ao governo norte-americano expressando sua raiva. Em Concord, Henry David reúne alguns amigos, dentre os quais Alcott e Emerson, para ler poemas em memória daquele homem "mais vivo do que nunca".[10] Todos se consolam com a esperança de que esse crime seja o gatilho para uma revolução pela liberdade. A espera não é longa demais, pois a Guerra de Secessão tem início dois anos depois. Depois de ajudar Francis Merriam, um dos membros do grupo de Brown, a fugir para o Canadá no final do ano de 1859, Thoreau abandona definitivamente o campo de lutas pelo abolicionismo. Aos poucos, seu radicalismo político perde o fôlego, como ele próprio.

Janeiro de 1860. Na rua, o vento assobia, a noite se adensa. A lareira é alimentada para que o salão não esfrie. À mesa de Alcott, os convivas comem com apetite. Os garfos raspam os pratos. Os copos são esvaziados com a mesma velocidade com que são enchidos. As vozes e os risos se superpõem. Entre os convidados está Thoreau, um frequentador desses jantares animados que, como de costume, não perde a ocasião de fazer uma boa refeição. Ele acaba de começar a escrever um novo ensaio, *Wild Apples*, um de seus últimos textos, cuja redação não conseguirá terminar. Enquanto conversa com alguns amigos sobre seu novo projeto de escrita, alguém pergunta se ele tomou conhecimento do novo livro de Charles Darwin... Thoreau responde que não. Ele conhece, por certo, alguns trabalhos do naturalista inglês, mas não sabe que este acabara de lançar uma obra inédita. Seu vizinho de mesa tira do bolso uma brochura e a estende a ele. Trata-se de *A origem das espécies*, livro de título ambicioso, publicado um mês antes, que explica a teoria da evolução. Vinte anos de trabalho e reflexão reunidos num volume de páginas considerável, que Thoreau se apressa em devorar. A leitura desse estudo científico que divide as opiniões nos Estados Unidos e também na Europa mergulha o escritor numa alegria intensa. Ele fica muito animado com as ideias daquele homem pouco mais velho que ele – Darwin nasceu em 1809 –, de vida entrecortada por inúmeras expedições globo afora. Como Thoreau, Darwin é um viajante – passara cinco anos no mar a bordo do *Beagle* –, um curioso e um apaixonado pela natureza. Como Thoreau, ele tenta compreender as coisas a seu redor e retransmiti-las aos homens. A descoberta de sua obra consolida as certezas de Thoreau: é preciso continuar observando e analisando o mundo. O indivíduo tem não apenas um direito como quem sabe um dever de compreendê-lo.

Thoreau quer atravessar a porta aberta por Darwin, a fim de prolongar o que ele mesmo vem pensando há anos. Com o passar do tempo, seu *Commonplace Book* se espessa, seu herbário reúne inúmeros exemplares. As teses do colega inglês dão-lhe asas. Thoreau tem a firme vontade de escrever um livro que condense os fenômenos naturais observados nos arredores de Concord, ao longo de todo um ano típico. Uma triagem é feita: ele classifica suas anotações e observações, ordena seu *Journal* – composto por vários cadernos – e recopia o que lhe parece pertinente. Tarde da noite, ele escreve à luz de uma lâmpada a petróleo, insensível à fadiga que no entanto o oprime e lutando contra o sono que no entanto o chama. Às primeiras luzes da aurora, Thoreau sai para respirar um pouco de ar fresco. Ele põe os sapatos, o casaco, e sai a passear pela mata. É nessa época que seu estado de saúde se degrada muito: pega muito frio ao sair para examinar os cepos de árvore, pois não consegue resistir à tentação de aprofundar seus conhecimentos sobre a flora. Seu corpo está febril, mas sua mente mantém-se sempre reta e seu caráter, determinado. Ele encontra forças até para proferir algumas conferências, e fala até o esgotamento sobre aquilo que lhe é importante. Em 11 de janeiro de 1860, profere "Autumnal Tints", sem saber que será a última vez que sobe num palco.

Novembro de 1860. Thoreau é expressamente proibido pelos médicos de sair de casa. Confinado em seu quarto, impotente diante desse isolamento forçado, ele está de cama quando é informado de que Abraham Lincoln foi eleito novo presidente dos Estados Unidos. Do alto de seu 1 metro e 93, Lincoln toma as rédeas de um país dilacerado por uma crise constitucional e moral, corroído por lutas entre escravistas e abolicionistas. A Guerra de Secessão se configura, mas Thoreau se afasta da agitação e viaja para o Estado de Minnesota, em busca de um ar mais suave para seus pulmões frágeis. Acompanhado de Horace Mann, um jovem que se dedica ao estudo da botânica, ele atravessa Massachusetts e para nas Cataratas do Niágara antes de rumar para a cidade de Saint Paul. Os dois homens, que compartilham a paixão pela natureza, formam um binômio ideal e passam os dias observando a flora com deleite. A mudança de ares infelizmente não melhora o estado de saúde de Thoreau, que, após uma breve excursão por território indígena, volta para Concord em junho de 1861. Os primeiros raios de sol de verão não tardam a aparecer e suavizam seus dias monacais. Em 19 de agosto, ele reúne as forças que lhe restam a fim de posar para um ambrótipo – um retrato de técnica mais apurada que a do daguerreótipo. É o terceiro retrato de Thoreau. Ele aparece envelhecido, com sua longa barba cinzenta e os olhos inchados de fadiga.

Channing, Edward Hoar, Alcott e, é claro, Emerson: todos os dias, o inválido recebe a visita dos amigos mais queridos, que lhe trazem notícias da cidade e às vezes o levam para passear. Mas Thoreau não tem mais o vigor da juventude. Ele caminha com vagar, logo perde o fôlego e com frequência apoia-se nos amigos que andam a seu lado pelos bosques de sempre. Ao voltar para a casa familiar, incapaz de subir as escadas, ele se encerra no térreo, renunciando ao quarto na mansarda, ao sótão e à pequena lucarna tão apreciada. Mas ele se sente bem na peça principal da casa. Deitado bem perto da janela com vista para a rua, ele contempla o que se passa lá fora – os passantes, o movimento das folhas ou o das nuvens. Suas horas de descanso são pontuadas por sessões de leitura e escrita. Mas seus dedos não conseguem mais segurar a pluma com firmeza. Sophia, extremamente dedicada, muitas vezes ajuda o irmão no exercício de redação, escrevendo sob seu ditado. Mesmo gravemente doente, Thoreau é muito solicitado e precisa cumprir os prazos que lhe são determinados. Pedem-lhe conferências, artigos, novos ensaios. Com muita paciência, ele finaliza *Life Without Principle*, *Walking* e *Autumnal Tints*, os últimos textos enviados pessoalmente para publicação. Seus editores lhe propõem uma nova edição de *Walden*. Thoreau aceita, feliz de ser solicitado e de seu trabalho ser apreciado. Ele provavelmente nunca desejara alcançar a fama. Em contrapartida, o reconhecimento de sua obra por seus pares, amigos e leitores o enche de alegria. Ao ler, como de costume, a revista *The Atlantic Monthly*, ele esboça um sorriso cheio de gratidão ao cair por acaso num texto do amigo Alcott, que parece falar de sua pessoa mas não o cita formalmente. "The Forester"[11] – esse é o título do artigo – presta homenagem ao "filho [...] puro da Natureza"[12], cujos "sentidos parecem [...] lhe dar acesso a segredos que os outros homens só conseguem decifrar com muita dificuldade".[13] O filósofo adoentado, que quase não consegue mais escrever, lê com emoção essa longa declaração de amizade que advoga a favor de seu talento. A "fama ainda não ultrapassou as margens dos rios que ele descreveu em seus livros"[14], escreve Alcott, "mas digo apenas a verdade ao afirmar que sua prosa supera a de todos os naturalistas de seu tempo, tanto na forma como no conteúdo, e que é certo que ele será lido no futuro".[15] A posteridade de fato lhe deu razão.

Thoreau tem consciência de estar vivendo seus últimos momentos. Ele tem muita lucidez sobre sua condição, não se queixa e quer enfrentá-la com serenidade. Os dias passam com suavidade, como a manhã de 6 de maio – a última –, em que Sophia lê, a pedido seu, uma passagem de *Uma semana nos rios Concord e Merrimack*. Com os olhos entreabertos, ele saboreia com alegria as palavras que lhe trazem à mente uma de suas mais belas recordações de viagem. Como fora boa a época passada nos rios Concord e Merrimack na companhia do irmão, John! E como parece distante, agora que ele não consegue nem manter-se de pé e sua respiração encurta a cada dia! A seu lado, a mãe, a irmã e a tia Louisa conversam com ele e sorriem. O sol primaveril ilumina uma parte da sala. Thoreau, que nunca se impusera restrições, chega nesse momento aos limites da própria vida. Imperceptivelmente, ele balbucia duas palavras: "original" e "índio". E fecha suavemente os olhos.

Epílogo

O ar vibra com singular emoção numa Concord aureolada pelos raios de um límpido sol primaveril. Estão todos ali, à espera da cerimônia. Os amigos de Thoreau se aproximam e trocam algumas palavras com vozes apagadas e apertadas, os curiosos arriscam algumas conversas. Em todos, a tristeza é imensa. Nem a beleza do céu, nem o gorjeio dos pássaros, nem as violetas que brotaram durante a noite conseguem diminuir a tristeza dos presentes. Muitas pessoas se amontoam à entrada da primeira paróquia da cidade. Algumas vêm de longe. Avisadas por uma carta de Emerson, apressaram-se a pegar a estrada para prestar homenagem ao amigo. Misturada aos próximos de Thoreau, uma multidão de vizinhos, professoras e alunos que tiveram as aulas suspensas. Imóveis, os pequenos estudantes trazem nas mãos alguns frágeis buquês de flores. Vieram dizer adeus ao filósofo, que se alegrava com as visitas deles nos últimos meses de sua enfermidade, quando a proximidade da morte já não deixava dúvidas.

O eco da primeira badalada surpreende a todos, que parecem subitamente sair do torpor. Seguem-se outras 43 badaladas – tantas quantos os anos vividos por Thoreau. A multidão avança lentamente, acompanhando o ataúde. Mas a igreja é pequena demais para todos os presentes. Os casacos se tocam, os bancos são empurrados. A audiência se agita e se impacienta. Aquele que por toda a vida mantivera-se à espreita dos sons do mundo agora repousa, imóvel e silencioso, dentro de um caixão de madeira coberto de flores selvagens.

O reverendo Reynolds finalmente aceitara rezar uma missa por Thoreau, apesar do escritor ter se recusado a comparecer à igreja por mais de vinte anos. Emerson, querendo que o amigo recebesse todas as honras, convencera o pastor a conceder-lhe esse favor. A leitura da Bíblia é feita e, depois, Emerson comparece ao púlpito. O pai do transcendentalismo não consegue dissimular a emoção ao relembrar detalhes da vida de Thoreau. Ele conta especialmente como "ao sabor de seu gênio, sem métodos aparentes"[1], Thoreau dedicara toda a sua vida ao aprendizado: os anos de estudo em Harvard, a educação transcendentalista, Walden, o trabalho de agrimensor e suas pesquisas como naturalista. Com ternura, ele também se demora ao falar do caráter íntegro do amigo, "incapaz da mínima desonestidade e da menor mentira"[2], antes de concluir, com tristeza: "Quando olhamos hoje para a solidão desse homem reto e íntegro, deploramos que ele não tenha vivido o suficiente para que todos os homens pudessem ter tido a possibilidade de conhecê-lo".[3] Outros textos e homenagens se seguem – uma ode de Channing, leituras de Alcott – antes que o pastor encerre a cerimônia com um momento de recolhimento e oração.

Algumas pessoas abrem os dois batentes da porta da igreja para deixar passar o fluxo de conhecidos, amigos e vizinhos que seguem o ataúde. Todos acompanham a última caminhada do "filósofo [...] do ar livre"[4] até o cemitério de Sleepy Hollow, onde seu corpo repousa ao lado do irmão, da irmã e do pai.

Nos meses que se seguem, os amigos contribuem para o reconhecimento de sua obra publicando homenagens ou biografias. Mas é somente em 1906 que suas ideias de fato se firmam nos Estados Unidos. Bliss Perry, então professor de literatura em Harvard e admirador de Emerson, descobre o *Journal* de Thoreau. Ele consegue convencer a editora Houghton Mifflin a iniciar a publicação dessa obra polimorfa. Trata-se de um fato raríssimo para a época, pois apesar de muitos escritores antes de Thoreau terem mantido diários, essa é a primeira vez que um editor aceita publicá-los. O diário de Thoreau será publicado de maneira parcial, porém, pois faltam-lhe algumas páginas. A partir dos anos 1920, Thoreau recebe um autêntico reconhecimento literário por parte da crítica e do grande público. Críticos do capitalismo, defensores dos direitos do homem, ecologistas: todos se inspiraram em suas ideias. Elas se propagam até os dias de hoje, pois Thoreau é um homem à frente de seu tempo. Num tom mordaz, ele sabe invectivar e despertar as consciências, encorajando cada um a viver a própria vida:

> O homem é o artesão de seu próprio humor. Que ele desconfie ao se queixar da evolução dos acontecimentos, pois é seu próprio temperamento que está culpando. Se uma coisa é amarga, se outra é rude e outra abrupta, que ele se pergunte se não o são por causa de si mesmo. Se sua aparência esfria os corações, que ele não se queixe de uma acolhida amarga – se ele manca, que não vá reclamar que o caminho é rude – se seus joelhos o fazem sofrer, que não vá dizer que a colina é abrupta.[5]

Ele avança sozinho, sem impor seu caminho a ninguém, e escala cumes para ver o mundo do alto e enfraquecer a potência do pensamento pronto. Ele acalma sua insubmissão fervilhante na natureza. Para ele, a natureza é um refúgio à maldade do homem e um lugar de maravilhamento. Apaixonado por essa "Vida selvagem", ele está sempre clamando que é nela que "repousa a salvaguarda do mundo".[6] O mundo contemporâneo, dia após dia, segue lhe dando razão.

Na cidade de Concord e nos arredores do lago Walden ainda podemos nos deparar com admiradores de sua obra, em busca da fonte de seu pensamento. Alguns tentam repetir sua experiência de retiro espiritual. Não resta dúvida de que todos visitam o local na esperança de apreender aquela natureza primordial tantas vezes capturada pela pluma de Thoreau, e, por que não?, comunicar-se com essa alma aventureira que ambicionava libertar os homens:

> Vocês devem carregar o mundo nos ombros, como Atlas, e progredir com ele. Vocês conseguirão por amor a uma ideia e vencerão na medida de sua devoção a ela. Pode ser que suas costas os façam sofrer de tempos em tempos, mas vocês terão a satisfação de poder fazer girar ou parar o mundo à sua vontade. Somente os covardes sofrem, os heróis, por sua vez, sentem prazer. Depois de um longo dia de caminhada com esse fardo, depositem-no num buraco, sentem-se e comam sua refeição. E, de repente, vocês serão recompensados por seu esforço com pensamentos imortais. O prado onde vocês estão sentados se cobrirá de perfumes e flores, e seu mundo se tornará uma gazela ligeira, de pelo luzidio.
> Onde fica a "Terra desconhecida", se não nas atividades em que não ousamos nos lançar? [...] De que serve avançar na estrada antiga? Há uma serpente nessa vereda que seus pés pisaram. Vocês devem traçar caminhos no Desconhecido. É para isso que servem sua casa e suas roupas. Por que perder tempo tentando corrigi-los, se usando-os como tais vocês podem construir seu caminho?
> Cantemos em coro.
> HDT.[7]

ANEXOS

Cronologia

1817. *12 de julho*: nasce David Henry Thoreau, em Concord, Massachusetts.

1833. Frequenta a Universidade de Harvard.

1837. Conhece o filósofo Ralph Waldo Emerson. Muda a ordem de seus prenomes. Diplomado em Harvard, dedica-se à carreira de professor na escola pública de Concord, mas pede demissão. Aconselhado por Emerson, começa a escrever um diário.

1838. Cria, com o irmão mais velho, John, uma escola particular em Concord. Profere sua primeira conferência, intitulada "Society", no Concord Lyceum. Primeira viagem ao Maine.

1839. Viaja por quinze dias com John pelos rios Concord e Merrimack. Ao voltar para Concord, os dois irmãos se apaixonam pela mesma jovem, Ellen Seawall, mas o pai desta recusa o casamento com ambos.

1840. Publica o primeiro ensaio, *Aulus Persius Flaccus*, na revista transcendentalista *The Dial*.

1841. Instala-se na casa de Emerson em Concord e colabora regularmente com *The Dial*.

1842. *12 de janeiro:* John Thoreau, seu irmão mais velho, morre de tétano. Publicação de *Natural History of Massachusetts*.

1843. Deixa Concord por um cargo de preceptor perto de Nova York, na casa do irmão de Emerson. Conhece o homem que se tornará seu agente literário, o redator-chefe do *New York Tribune*, Horace Greeley.

1845. *4 de julho*: instala-se numa cabana de madeira construída por ele mesmo num terreno emprestado por Emerson, perto do Lago Walden.

1846. Preso em plena rua em Concord, ele passa a noite na cadeia por não ter pagado um imposto. Começa a escrever *Walden*.

1847. Fim da experiência em Walden. Ele volta para Concord, instala-se na casa de Emerson e ganha a vida fazendo pequenos serviços de agrimensura.

1848. Volta a morar na casa dos pais. Ajuda o pai na fábrica de lápis. Profere em Concord e nas redondezas o discurso intitulado *A desobediência civil*.

1849. Publicação de *Uma semana nos rios Concord e Merrimack* e de *A desobediência civil*. Primeira excursão a Cape Cod.

1850. Segunda excursão a Cape Cod e viagem ao Canadá. Início de seu engajamento na luta antiescravista.

1854. Profere os discursos "Slavery in Massachusetts" e "Life Without Principles". Publicação de *Walden ou A vida nos bosques*.

1855. Publica *Cape Cod* numa revista. Terceira excursão a Cape Cod. Começa a sofrer de tuberculose.

1856. Encontro com o poeta Walt Whitman no Brooklyn.

1857. Quarta e última excursão a Cape Cod. Ao voltar para Concord, encontro com John Brown.

1859. Com a morte do pai, Thoreau se encarrega da empresa familiar. Prisão de John Brown após o atentado de Harper's Ferry, na Virginia. Thoreau profere "Plead for Captain John Brown", em Concord.

1860. Última excursão a Monadnock, New Hampshire.

1861. Início da Guerra de Secessão. Thoreau, que sofre de tuberculose, faz uma última viagem a Minnesota. Ao voltar a Concord, trabalha com a irmã Sophia na publicação de alguns manuscritos.

1862. Morre no dia 6 de maio, em Concord, aos 44 anos.

Referências

OBRAS DE HENRY DAVID THOREAU

Em francês:

Balade d'hiver, Couleurs d'automne. Tradução de Thierry Gillyboeuf. Paris: Mille et une nuits, 2013.

Cap Cod. Tradução de Pierre-Yves Pétillon. Paris: Imprimerie Nationale, 2000.

La Désobéissance civile. Paris: Le passager clandestin, 2011. ["A desobediência civil", tradução de Sérgio Karam. In: *A desobediência civil seguido de Walden*. Tradução de Sérgio Karam e Denise Bottmann. L&PM: 2016.]

"L'esclavage dans le Massachusetts". In: DOUGLASS, Frederick; THOREAU, H.D. *De l'esclavage en Amérique*. Tradução de François Specq. Paris: Rue d'ULM/Presses de l'École normale supérieure, 2006. ["A escravidão em Massachusetts", tradução de José Augusto Drummond em THOREAU, H.D. *Desobedecendo: Desobediência civil e outros escritos*. Rio de Janeiro: Rocco, 1984.]

L'Esprit commercial des temps modernes. Tradução de Didier Bazy, com a colaboração de Sophie Fueyo. Villeneuve-en--Perseigne: Le grand souffle, 2007.

Les Forêts du Maine. Tradução de André Fayot. Paris: José Corti, 2002.

Journal, vol. 1 (22 out. 1837 – 31 dez. 1840). Tradução de Thierry Gillyboeuf. Le Bouscat: Finitude, 2012.

Journal, vol. 2 (1 jan. 1841 – 21 nov. 1843). Tradução de Thierry Gillyboeuf. Le Bouscat: Finitude, 2013.

"Histoire naturelle du Massachusetts". In: THOREAU, H.D. *Essais*. Tradução de Nicole Mallet. Marselha: Le mot et le reste, 2007.

Ktaadn et les forêts du Maine. Tradução de Thierry Gillyboeuf. Paris: Rivage Poche/Petite Bibliothèque, 2013.

Marcher & Une promenade en hiver. Tradução de Nicole Mallet. Marselha: Le mot et le reste, 2013. ["Caminhando" foi traduzido por José Augusto Drummond em THOREAU, H.D. *Desobedecendo: Desobediência civil e outros escritos*. Rio de Janeiro: Rocco, 1984.]

Le Paradis à (re)conquérir. Tradução de Thierry Gillyboeuf. Paris: Mille et une nuits, 2013.

"Pour John Brown". In: *Désobéir, anthologie politique et réfractaire*. Tradução de Léon Balzagette. Saint-Gilles, Bélgica: Aden 2013.

Sept jours sur le fleuve. Tradução de Thierry Gillyboeuf. Paris: Fayard, 2012. [Trechos escolhidos de "Uma semana nos rios Concord e Merrimack", tradução de José Augusto Drummond em THOREAU, H.D. *Desobedecendo: Desobediência civil e outros escritos*. Rio de Janeiro: Rocco, 1984.]

Excerto da conferência "Société", escrita em 14 de março de 1838 e proferida no Concord Lyceum em 11 de abril de 1838. In: THOREAU, H.D. *Journal, vol. 1 (22 out. 1837 – 31 dez. 1840)*. Tradução de Thierry Gillyboeuf. Le Bouscat: Finitude, 2012.

Une marche au Wachusett. Tradução de Camille Bloomfield. St--Quentin-de-Caplong: Atelier de l'agneau, 2012.

Un Yankee au Canada. Tradução de Simon Le Fournis. Mayenne: La part commune, 2006.

La Vie sans principe. Tradução de Thierry Gillyboeuf. Paris: Mille et une nuits, 2013. ["A vida sem princípio", tradução de José Augusto Drummond em THOREAU, H.D. *Desobedecendo: Desobediência civil e outros escritos*. Rio de Janeiro: Rocco, 1984.]

Walden ou La Vie dans les bois. Tradução de Louis Fabulet. Paris: Gallimard, 2013. ["Walden ou A vida nos bosques", tradução de Denise Bottmann. In: *A desobediência civil seguido de Walden*. Tradução de Sérgio Karam e Denise Bottmann. L&PM: 2016.]

Em inglês:

Journal. Editado por Bradford Torrey, vol. III. Boston e Nova York: Houghton Mifflin Company, The Riverside Press, 1906.

Journal. Editado por Bradford Torrey, vol. II. Boston e Nova York: Houghton Mifflin Company, The Riverside Press, 1949.

The Journal of Henry D. Thoreau. Bradford Torrey & Francis Allen (Org.), 2 vol. Nova York e Dover, 1962.

OUTRAS OBRAS

THOREAU, Henry David; EMERSON, Ralph Waldo. *Correspondance*. Tradução de Thierry Gillyboeuf. Paris: Éditions du Sandre, 2013.

THOREAU, Henry David. *Je suis simplement ce que je suis. Lettres à Harrison G. O. Blake*. Tradução de Thierry Gillyboeuf. Paris: La Flèche, Le Livre de Poche, 2013.

EMERSON, Ralph Waldo. *Journal d'Emerson*. In: THOREAU, H.D.; EMERSON, R.W. *Correspondance*, op. cit.

EMERSON, Ralph Waldo. *Nature*. Tradução de Patrice Oliete Loscos. Paris: Allia, 2004.

EMERSON, Ralph Waldo. "Henry D. Thoreau, mort à Concord mardi 6 mai, à l'âge de quarante-quatre ans". In: GILLYBOEUF, Thierry. *Le Célibataire de la nature*. Paris: Fayard, 2012.

ALCOTT, Amos Bronson. "L'homme des bois". In: GILLYBOEUF, Thierry. *Le Célibataire de la nature*. Paris: Fayard, 2012.

Excerto do *Class Book* de Harvard. In: GILLYBOEUF, Thierry. *Le Célibataire de la nature*. Paris: Fayard, 2012.

SOBRE HENRY DAVID THOREAU

Em francês:

FLAK, Micheline. *Henry David Thoreau ou La Sagesse au service de l'action*. Paris: Seghers, 1973.

GILLYBOEUF, Thierry. *Le Célibataire de la nature*. Paris: Fayard, 2012.

GILLYBOEUF, Thierry. "Le calendrier du flux et du reflux de l'âme". In: THOREAU, H.D. *Journal, vol. 1 (22 out. 1837 – 31 dez. 1840)*. Tradução de Thierry Gillyboeuf. Le Bouscat: Finitude, 2012.

GRANGER, Michel. *Henry David Thoreau*. Paris: Belin, 1998.

GRANGER, Michel. "Introduction". In: THOREAU, H.D. *Marcher & Une promenade en hiver*. Tradução de Nicole Mallet. Marselha: Le mot et le reste, 2013.

ONFRAY, Michel. "Thoreau, le sévère antidote". In: GILLYBOEUF, Thierry. *Le Célibataire de la nature*. Paris: Fayard, 2012.

REZNIKOV, Patricia. *La Transcendante*. Paris: Albin Michel, 2013.

SANNA, Ellyn. "Biography of Henry David Thoreau". In: *Henry David Thoreau, Comprehensive Biography and critical Analysis*. Introdução de Harold Bloom. Chelsea House Publishers, Broomall. Apud GILLYBOEUF, Thierry. *Le Célibataire de la nature*. Paris: Fayard, 2012.

SPECQ, François. "Une liberté en noir et blanc: Douglass, Thoreau et l'abolition de l'esclavage". In: DOUGLASS, Frederick; THOREAU, H.D. *De l'esclavage en Amérique*. Tradução de François Specq. Paris: Rue d'ULM/Presses de l'École normale supérieure, 2006.

Notas

A NATUREZA NO SANGUE

1. THOREAU, Henry David. *Walden* (1922). Tradução de Denise Bottmann. In: *A desobediência civil seguido de Walden*. Tradução de Sérgio Karam e Denise Bottmann. L&PM: 2016, p. 51.
2. Ibid., p. 179.
3. THOREAU, H.D. *Journal*. Editado por Bradford Torrey, vol. II. Boston e Nova York: Houghton Mifflin Company, The Riverside Press, 1949, p. 300. Apud FLAK, Micheline. *Henry David Thoreau ou La Sagesse au service de l'action*. Paris: Seghers, 1973, p. 67.
4. THOREAU, H.D. *Journal*. Editado por Bradford Torrey, vol. II., "9 set. 1850", op. cit., apud GILLYBOEUF, Thierry. *Le Célibataire de la nature*. Paris: Fayard, 2012, p. 32-33.
5. THOREAU, H.D. *Journal, vol. 1 (22 out. 1837 – 31 dez. 1840)*, "domingo 18 fev. 1838". Tradução de Thierry Gillyboeuf. Le Bouscat: Finitude, 2012, p. 43.

AS FRIAS E ÚMIDAS PAREDES DE HARVARD

1. Excerto do *Class Book* de Harvard. In: GILLYBOEUF, Thierry. *Le Célibataire de la nature*. Paris: Fayard: 2012, p. 52.
2. ONFRAY, Michel. "Le calendrier du flux et du reflux de l'âme". In: Ibid., p. 8-9.
3. THOREAU, H.D. *Walden*, op. cit., p. 99.
4. Ibid., p. 89.
5. Excerto da conferência "Société", escrita em 14 de março de 1838 e proferida no Concord Lyceum em 11 de abril de 1838. In: THOREAU, H.D. *Journal, vol. 1 (22 out. 1837 – 31 dez. 1840)*, op. cit., p. 50.
6. Ibid.
7. THOREAU, H.D. *L'Esprit commercial des temps modernes*. Tradução de Didier Bazy, com a colaboração de Sophie Fueyo. Villeneuve-en-Perseigne: Le grand souffle, 2007, p. 29.
8. Ibid.
9. Ibid., p. 30.
10. THOREAU, H.D. *Journal, vol. 1 (22 out. 1837 – 31 dez. 1840)*, op. cit., p. 48.
11. THOREAU, H.D. *Walden*, op. cit., p. 123.
12. Ibid., p. 177.

EMERSON, O MESTRE E AMIGO

1. EMERSON, Ralph Waldo. *Nature*. Tradução de Patrice Oliete Loscos. Paris: Allia, 2004, p. 14.
2. Ibid.
3. Ibid., p. 13.
4. THOREAU, Henry David; EMERSON, Ralph Waldo. *Correspondance*. Tradução de Thierry Gillyboeuf. Paris: Éditions du Sandre, 2013, p. 127.
5. THOREAU, H.D. *Sept jours sur le fleuve*. Tradução de Thierry Gillyboeuf. Paris: Fayard, 2012, p. 71.
6. Ibid.
7. THOREAU, H.D. *Journal, vol. 1 (22 out. 1837 – 31 dez. 1840)*, 22 out. 1837, op. cit., p. 19.
8. Ibid.
9. Ibid., 5 mar. 1838, p. 47-48.
10. THOREAU, Henry David; EMERSON, Ralph Waldo. *Correspondance*. op. cit.
11. THOREAU, H.D. *Journal, vol. 1 (22 out. 1837 – 31 dez. 1840)*, 17 nov. 1837, op. cit., p. 26.
12. Ibid., 21 nov. 1837, p. 28.
13. Ibid., 29 out. 1837, p. 22-23.
14. Ibid.
15. Ibid.
16. Ibid.
17. Ibid., 8 abr. 1840, p. 138.
18. Ibid.
19. Ibid.
20. Excerto da conferência "Société", escrita em 14 de março de 1838 e proferida no Concord Lyceum em 11 de abril de 1838. In: THOREAU, H.D. *Journal, vol. 1 (22 out. 1837 – 31 dez. 1840)*, op. cit., p. 52.
21. Ibid., p. 50.
22. Ibid., p. 52.
23. Ibid.
24. Ibid., p. 53.
25. THOREAU, H.D. *Marcher & Une promenade en hiver*. Tradução de Nicole Mallet. Marselha: Le mot et le reste, 2013, p. 53. [THOREAU, H.D. "Caminhando". In: _____. *Desobedecendo: Desobediência civil e outros escritos*. Tradução e organização de José Augusto Drummond. Rio de Janeiro: Rocco, 1984, p. 109.]
26. THOREAU, H.D. *Journal, vol. 1 (22 out. 1837 – 31 dez. 1840)*, 24 jun. 1839, op. cit., p. 92.

OS DOIS CARVALHOS

1. THOREAU, H.D. *Sept jours sur le fleuve*, op. cit., p. 12.

2. Ibid., p. 134.
3. Ibid., p. 12.
4. Ibid., p. 20.
5. Ibid., p. 46.
6. Ibid., p. 27.
7. Ibid., p. 12.
8. Ibid., p. 98.
9. Ibid., p. 257.
10. Ibid., p. 183.
11. Ibid., p. 383.
12. Ibid., p. 413.
13. SANNA, Ellyn. "Biography of Henry David Thoreau". In: *Henry David Thoreau, Comprehensive Biography and critical Analysis*. Introdução de Harold Bloom. Chelsea House Publishers, Broomall. Apud GILLYBOEUF, Thierry. *Le Célibataire de la nature*, op. cit., p. 83.
14. THOREAU, H.D. *The Journal of Henry D. Thoreau*. Bradford Torrey & Francis Allen (Org.), 2 vol. Nova York e Dover, 1962, p. 337 (2 abr. 1857), apud GRANGER, Michel. *Henry David Thoreau*. Paris: Belin, 1998, p. 28.
15. Ibid.
16. THOREAU, Henry David; EMERSON, Ralph Waldo. *Correspondance*. Carta VIII – Henry David Thoreau a Lucy Brown, Concord, 2 mar. 1842, op. cit.
17. Ibid.
18. Ibid.
19. Ibid. Carta IX – Henry David Thoreau a Ralph Waldo Emerson, Concord, 11 mar. 1842, p. 45.
20. Ibid.
21. THOREAU, H.D. *Sept jours sur le fleuve*, op. cit., p. 115.
22. Ibid.
23. Ibid.
24. THOREAU, H.D. *Journal*, 28 out. 1853, apud GILLYBOEUF, Thierry, "Postface". In: THOREAU, H.D. *Sept jours sur le fleuve*, op. cit., p. 451.
25. THOREAU, H.D. *Sept jours sur le fleuve*, op. cit., p. 161.
26. Ibid.
27. THOREAU, H.D. *Journal, vol. 1 (22 out. 1837 – 31 dez. 1840)*, 8 abr. 1838, op. cit., p. 56.

O REFÚGIO TRANSCENDENTALISTA

1. THOREAU, H.D. "Histoire naturelle du Massachusetts". In: THOREAU, H.D. *Essais*. Tradução de Nicole Mallet. Marselha: Le mot et le reste, 2007, p. 60.
2. Ibid., p. 61.
3. THOREAU, H.D. *Le Paradis à (re)conquérir*. Tradução de Thierry Gillyboeuf. Paris: Mille et une nuits, 2013, p. 13.

4. Ibid., p. 31.
5. Ibid., p. 54.
6. Ibid., p. 37.
7. THOREAU, H.D. *Sept jours sur le fleuve*, op. cit., p. 104.
8. THOREAU, H.D. *Une marche au Wachussett*. Tradução de Camille Bloomfield. St-Quentin-de-Caplong: Atelier de l'agneau, 2012, p.9.
9. Ibid.
10. Ibid.
11. Ibid., p. 23.
12. Ibid., p. 17.
13. Ibid., p. 18.
14. Ibid., p. 20.
15. Ibid., p. 24.
16. THOREAU, Henry David; EMERSON, Ralph Waldo. *Correspondance*. Carta XXI – Henry David Thoreau a Lidian Emerson, 22 mai. 1843, op. cit., p. 81.
17. Ibid., Carta XXIII – Henry David Thoreau a Ralph Waldo Emerson, Staten Island, 8 jun. 1843, p. 89.
18. Ibid., Carta XXII – Henry David Thoreau a Ralph Waldo Emerson, Staten Island, 23 mai. 1843, p. 85.
19. Ibid., Carta XXXI – Henry David Thoreau a Lidian Emerson, Staten Island, 16 out. 1843, p. 117.
20. THOREAU, H.D. *Balade d'hiver, Couleurs d'automne*. Tradução de Thierry Gillyboeuf. Paris: Mille et une nuits, 2013, p. 8.
21. Ibid.
22. Ibid., p. 16.
23. Ibid., p. 17.
24. Ibid., p. 8.
25. Ibid., p. 11.
26. Ibid., p. 19.
27. Ibid., p. 13.
28. Ibid., p. 12.
29. Ibid., p. 13.
30. THOREAU, Henry David; EMERSON, Ralph Waldo. *Correspondance*. Carta XXIII – Henry David Thoreau a Ralph Waldo Emerson, Staten Island, 8 jun. 1843, op. cit., p. 87.
31. Ibid.
32. Ibid.

A VIDA NOS BOSQUES

1. THOREAU, H.D. *Walden*, op. cit., p. 48.
2. EMERSON, Ralph Waldo. *Nature*, op. cit., p. 14.
3. Ibid., p. 11.
4. THOREAU, H.D. *Walden*, op. cit., p. 123.

5. Ibid., p. 124.
6. Ibid., p. 115.
7. Ibid., p. 91.
8. Ibid., p. 130.
9. Ibid., p. 74.
10. Ibid., p. 85.
11. Ibid., p. 118.
12. Ibid., p. 119.
13. Ibid., p. 199.
14. Ibid., p. 209.
15. Ibid.
16. Ibid., p. 119.
17. Ibid., p. 205.
18. Ibid., p. 207.
19. THOREAU, H.D. *Sept jours su le fleuve*, op. cit., p. 55.
20. THOREAU, H.D. *Walden*, op. cit., p. 159.
21. Ibid., p. 166.
22. Ibid.
23. Ibid.
24. Ibid., 144.
25. Ibid., 204.
26. Ibid.
27. Ibid., p. 142.
28. Ibid.
29. Ibid., p. 104.
30. Ibid., p. 105.
31. Ibid., p. 66-67.
32. Ibid., p. 63.
33. Ibid., p. 185.
34. Ibid.
35. Ibid., p. 181.
36. Ibid., p. 180.
37. Ibid., p. 182.
38. Ibid., p. 98.
39. Ibid., p. 224.
40. Ibid., p. 232.
41. Ibid., p. 100.
42. Ibid.
43. Ibid., p. 99.
44. Ibid., p. 129.

Algemas nas mãos, sorriso nos lábios

1. THOREAU, H.D. *A desobediência civil*. Tradução de Sérgio Karam. In: *A desobediência civil seguido de Walden*. Tradução de Sérgio Karam e Denise Bottmann. L&PM: 2016, p. 28.

2. THOREAU, H.D. *Walden*, op. cit., p. 194.
3. THOREAU, H.D. *A desobediência civil*, op. cit., p. 24.
4. Ibid.
5. Ibid.
6. Ibid., p. 26.
7. Ibid., p. 25.

A CAMINHO DO REINO DE POMOLA

1. THOREAU, H.D. *Ktaadn et les forêts du Maine*, traduzido do inglês por Thierry Gillyboeuf. Paris: Rivage poche/Petite Bibliothèque, 2013, p. 25. [Original: "Ktaadn", primeira parte de *The Maine Woods*.]
2. Ibid., p. 24.
3. Ibid., p. 30.
4. Ibid., p. 28-29.
5. Ibid., p. 90.
6. Ibid., p. 34.
7. Ibid., p. 36.
8. Ibid., p. 47.
9. Ibid.
10. Ibid.
11. Ibid., p. 54.
12. Ibid., p. 95.
13. Ibid., p. 50.
14. Ibid., p. 56.
15. Ibid., p. 59.
16. Ibid., p. 57.
17. Ibid., p. 57-58.
18. Ibid., p. 68.
19. Ibid., p. 36.
20. Ibid., p. 80.
21. Ibid.
22. Ibid., p. 112.
23. Ibid., p. 119.
24. Ibid., p. 123.
25. Ibid., p. 124.
26. Ibid., p. 126.
27. Ibid.
28. Ibid.
29. Ibid., p. 133.
30. Ibid., p. 134.
31. Ibid., p. 135.
32. Ibid., p. 135-136.

Um outro Novo Mundo

1. THOREAU, H.D. *Ktaadn et les forêts du Maine*, op. cit., p. 153.
2. Ibid., p. 321.
3. THOREAU, H.D. *Walden*, op. cit., p. 45.
4. Ibid., p. 139.
5. Ibid., p. 75.
6. Ibid., p. 129.
7. Ibid., p. 124.
8. Ibid.
9. Ibid., p. 212.
10. Ibid., p. 285.
11. THOREAU, H.D. *Balade d'hiver, Couleurs d'automne*, op. cit., p. 30.
12. THOREAU, H.D. *Journal, volume 1 (22 out. 1837 – 31 dez. 1840)*, 21 jan. 1838, op. cit., p. 40.
13. THOREAU, H.D. *Walden*, op. cit., p. 198.
14. Ibid., p. 209.
15. Ibid.
16. Ibid.
17. Ibid., p. 207-208.
18. Ibid., p. 198.
19. Ibid., p. 199.
20. Ibid.
21. Ibid.
22. Ibid.
23. Ibid., p. 209.
24. Ibid., p. 205.
25. Ibid., p. 203.
26. Ibid.
27. Ibid., p. 144.
28. Ibid., p. 141.
29. Ibid., p. 153.
30. Ibid.
31. Ibid., p. 239.
32. Ibid., p. 155.
33. Ibid., p. 282.
34. Ibid., p. 228.
35. Ibid.
36. Ibid., p. 165.
37. Ibid., p. 276.
38. Ibid., p. 237.
39. Ibid., p. 194.
40. Ibid., p. 138.
41. Ibid.
42. Ibid., p. 194.

43. Ibid., p. 140.
44. Ibid., p. 106.
45. THOREAU, H.D. Editado por Bradford Torrey, vol. III., 22 jan. 1852. Boston e Nova York: Houghton Mifflin Company, The Riverside Press, 1906, p. 214-215. Apud GILLYBOEUF, Thierry. *Le Célibataire de la nature*, op. cit., p. 154.

PENSAR A SOCIEDADE

1. THOREAU, H.D. *Walden*, op. cit., p. 158.
2. THOREAU, H.D. e EMERSON, R.W. *Correspondance*, op. cit., nota 253, p. 256.
3. THOREAU, H.D. *A desobediência civil*, op. cit., p. 9.
4. THOREAU, H.D. *Walden*, op. cit., p. 117.
5. THOREAU, H.D. *A desobediência civil*, op. cit., p. 10.
6. Ibid., p. 11.
7. Ibid., p. 13.
8. Ibid., p. 14.
9. Ibid., p. 12.
10. Ibid., p. 23.
11. Ibid., p. 15.
12. Ibid.
13. Ibid., p. 18.
14. Ibid., p. 21.
15. Ibid., p. 20.
16. Ibid., p. 33.

O NATURALISTA NO TRABALHO

1. THOREAU, H.D. *Cape Cod*. Tradução de Pierre-Yves Pétillon. Paris: Imprimerie nationale, 2000, p. 38.
2. Ibid., p. 37.
3. Ibid., p. 44.
4. Ibid., p. 54.
5. Ibid., p. 66.
6. Ibid., p. 71.
7. Ibid., p. 73
8. Ibid.
9. Ibid., p. 91.
10. Ibid., p. 143.
11. Ibid., p. 211.
12. Ibid., p. 293.
13. GILLYBOEUF, Thierry. "Le Calendrier du flux et du reflux de l'âme". In: THOREAU, H.D. *Journal, volume 1 (22 out. 1837 – 31 dez. 1840)*, op. cit., p. 9.

14. Ibid.
15. THOREAU, H.D. *Un Yankee au Canada*. Tradução de Simon Le Fournis. Mayenne: La part commune, 2006, p. 89.
16. Ibid.
17. THOREAU, H.D. *Sept jours sur le fleuve*, op. cit., p. 325.
18. EMERSON, R.W. *Journal d'Emerson*. In: THOREAU, H.D.; EMERSON, R.W. *Correspondance*, op. cit., p. 183.
19. Ibid.

A CAMINHADA POLÍTICA

1. THOREAU, H.D. "L'esclavage dans le Massachusetts". In: DOUGLASS, Frederick; THOREAU, H.D. *De l'esclavage en Amérique*. Tradução de François Specq. Paris: Rue d'ULM/Presses de l'École normale supérieure, 2006, p. 21.
2. Ibid., p. 19.
3. THOREAU, H.D. "A escravidão em Massachussetts". In: _____. *Desobedecendo: Desobediência civil e outros escritos*. Tradução e organização de José Augusto Drummond. Rio de Janeiro: Rocco, 1984, p. 121.
4. Ibid., p. 122.
5. Ibid., p. 124.
6. Ibid., p. 125.
7. Ibid., p. 128.
8. Ibid., p. 129
9. Ibid., p. 125.
10. Ibid., p. 129.

UM PASSO DEPOIS DO OUTRO

1. THOREAU, H.D. "Caminhando", op. cit., p. 81.
2. GRANGER, Michel. "Introduction". In: THOREAU, H.D. *Marcher & Une promenade en hiver*, op. cit., p. 15.
3. THOREAU, H.D. "Caminhando", op. cit., p. 83.
4. Ibid., p. 81.
5. Ibid., p. 83.
6. Ibid.
7. Ibid.
8. THOREAU, H.D. *Balade d'hiver, Couleurs d'automne*, op. cit., p. 8-9.
9. Ibid.
10. Ibid., p. 14.
11. THOREAU, H.D. "Caminhando", op. cit., p. 91.
12. Ibid., p. 99.
13. Ibid., p. 91.
14. Ibid., p. 107.

15. THOREAU, H.D. *Les Forêts du Maine*. Tradução de André Fayot, Paris: José Corti, 2002, p. 170.
16. THOREAU, H.D. "A vida sem princípio". In: _____. *Desobedecendo: Desobediência civil e outros escritos*. Tradução e organização de José Augusto Drummond. Rio de Janeiro: Rocco, 1984, p. 62.
17. Ibid., p. 73.
18. Ibid., p. 70.
19. Ibid.
20. Ibid., p. 63.
21. Ibid., p. 64.
22. Ibid., p. 67.
23. Ibid.
24. Ibid., p. 72.
25. Ibid.

A ENERGIA DO CONQUISTADOR

1. THOREAU, H.D. *Balade d'hiver, Couleurs d'automne*, op. cit., p. 42.
2. Ibid., p. 76.
3. Ibid., p. 45.
4. Ibid., p. 51.
5. Ibid., p. 47.
6. Ibid., p. 48.
7. Ibid., p. 87.
8. Ibid.

LIMITES

1. THOREAU, H.D. "Pour John Brown". In: THOREAU, H.D. *Désobéir, anthologie politique et réfractaire*. Tradução de Léon Balzagette. Anvers: Aden, 2013, p. 164.
2. Ibid., p. 153.
3. Ibid., p. 157.
4. Ibid., p. 153.
5. Ibid., p. 148.
6. Ibid., p. 179.
7. Ibid., p. 188.
8. Ibid., p. 180.
9. Ibid., p. 178.
10. THOREAU, H.D. "Ses derniers moments". In: THOREAU, H.D. *Désobéir, anthologie politique et réfractaire*, op. cit., p. 202.
11. ALCOTT, Amos Bronson. "L'homme des bois". In: GILLYBOEUF, Thierry. *Le Célibataire de la nature*, op. cit., p. 381.
12. Ibid.

13. Ibid., p. 383.
14. Ibid., p. 382.
15. Ibid., p. 383.

Epílogo

1. EMERSON, Ralph Waldo. "Henry D. Thoreau, mort à Concord mardi 6 mai, à l'âge de quarante-quatr'ans". In: GILLYBOEUF, Thierry. *Le Célibataire de la nature*, op. cit., p. 387.
2. Ibid., p. 388.
3. Ibid., p. 388-389.
4. ALCOTT, Amos Bronson. "L'homme des bois". In: GILLYBOEUF, Thierry. *Le Célibataire de la nature*, op. cit., p. 382.
5. THOREAU, H.D. *Journal, vol. 1 (22 out. 1837 – 31 dez. 1840)*, 21 jan. 1838, op. cit., p. 40.
6. THOREAU, H.D. *Marcher & Une promenade en hiver*, op. cit., p. 39.
7. THOREAU, H.D. *Je suis simplement ce que je suis. Lettres à Harrison G. O. Blake*. Carta XLVI, Concord, 20 mai. 1860. Tradução de Thierry Gillyboeuf. Paris: Le Livre de Poche, 2013, p. 172.

Sobre as autoras

MARIE BERTHOUMIEU é diretora de edição e produção do canal ARTE. Trabalhou quatro anos para a rádio France Inter. Escreve ficções radiofônicas e já trabalhou com cinema.

LAURA EL MAKKI trabalha para a France Inter como assistente de produção e repórter de programas culturais. Também escreve ficções radiofônicas e produz, durante os verões, para a mesma estação, programas literários. Coordenou a obra coletiva *Un été avec Proust* [Um verão com Proust], publicado em coedição pela France Inter e pelas Éditions des Équateurs.

lepmeditores
www.lpm.com.br
o site que conta tudo

IMPRESSÃO:

PALLOTTI
GRÁFICA

Santa Maria - RS | Fone: (55) 3220.4500
www.graficapallotti.com.br